Stray Kids

가사 필사집

Stray Kids
Lyrics Transcription Book

스트레이 키즈 60곡 수록

samhoETM

Stray kids 가사 필사집
전곡 Piano Cover

편곡 **정하영**

측코칩-Hayoung Piano
@Jazz_hayoung

스트레이 키즈 가사 필사집 활용법 ✦
How to use Stray Kids Lyrics Transcription Book

1. 이 책은 PLAY, SLAY, STAY, WAY 총 4개의 챕터로 구성되어 있습니다. 마음에 드는 곡을 찾아 필사해 보세요.
This book consists of four chapters: PLAY, SLAY, STAY, and WAY. Find a song you like and try writing it down.

2. 필사집에 실린 전 곡을 피아노 커버 음원으로 들을 수 있게 준비했습니다. 챕터 첫 페이지에 수록된 QR을 스캔해 보세요. 필사할 때 가사가 전하는 감정에 한층 더 몰입할 수 있을 거예요.
We have prepared piano cover tracks for all the songs included in this book. Scan the QR code on the first page of each chapter to listen. This will help you immerse yourself even more in the emotions conveyed by the lyrics while transcribing them.

3. '#LoveSTAY #LoveSKZ' 챕터에 383명의 STAY 분들의 메시지를 담았습니다. 함께 읽고 공감하며 Stray Kids 와 STAY를 하나로 이어주는 소중한 연결고리가 되기를 바라는 마음으로 준비했습니다.
In the '#LoveSTAY #LoveSKZ' chapter, we have included messages from 383 STAYs. We hope that reading and empathizing with these messages will create a meaningful connection that brings Stray Kids and STAY even closer together.

이 책은 단순히 Stray Kids의 가사를 모은 필사집이 아닙니다. 그들의 음악을 더욱 즐기고, 새로운 시선으로 가사를 해석하고, 그 매력을 새롭게 발견하는 특별한 경험이 될 것입니다. STAY 여러분의 사랑과 응원 덕분에 완성된 이 필사집과 함께 Stray Kids의 가사를 깊이 음미해 보세요.
This book is more than just a collection of Stray Kids' lyrics. It offers a unique experience where you can enjoy their music even more, interpret the lyrics from a new perspective, and discover their charm in a fresh way. Thanks to the love and support of STAY, this lyric transcription book has come to life. Take your time to immerse yourself in Stray Kids' lyrics.

목차 *Contents*

Chapter. 1
PLAY

Chapter. 2
SLAY

Stray Kids
가사 필사집

Chapter. 1
PLAY

Chapter. 1
PLAY

✹ **STAY 메시지** *#LoveSKZ*

정말 힘들었던 시기를 버티게 해줬던 Stray Kids의 노래는 언제나 나에게 용기를 주고 큰 힘을 준다. 너의 이야기가 나의 이야기가 될 수 있고, 또 다른 누군가의 이야기가 될 수 있듯 진솔한 이야기를 담아내어 노래를 들을 때면 "나도 똑같아"라며 공감하고 위로를 받곤 한다.

곡 하나를 만들 때마다 얼마나 많은 노력과 정성이 들어갈지 감히 상상조차 할 수 없지만, 그렇게 만들어진 노래가 나에게는 위로와 용기가 되어 살아갈 수 있게 해준다. 언제나 좋은 노래를 만들어 줘서 고맙고, 서로가 서로를 응원하며 앞으로도 오랫동안 이 위로와 용기가 이어지길.

- 방방즈 *@BANG_C97_BANG*

Piano Cover

My Pace

갑자기 분위기 싸해질 필요 없잖아요
(Awkward Silence)

Get Cool

MIROH

Astronaut

Mixtape : Gone Days

비행기 (Airplane)

The View

FAM (Korean Ver.)

Stray Kids
가사 필사집

My Pace

작사 3RACHA 외 1명 | 앨범 SKZ2020 | 발매일 2020.03.18 (재발매)

NaNaNa x2 아 이게 아닌데
NaNaNa x2 그래 이거지 Let's go
NaNaNa x2

재처럼 되고 싶어
부러워 Yes I'm 부러워 Yes I'm
반의반이라도 닮았으면 난 좋겠어
우스워 내가 우스워 내가
누군가와 날 비교한다는 게 너무 우스워

하지 마 하지 마
그런 비교 따윈 의미 없잖아
그러지 마 Stop it now
그냥 넌 지금 너의 길을 가면 돼

인정하기 싫지만 옆을 보게 되잖아
앞서간다고 먼저 가는 건 아냐 Baby
저 멀리 보고 Take your time

조급할 필요 없어 My Pace
비교 따윈 하지 마
천천히 달려도 괜찮아
나의 길을 따라 My lane
급한 맘 내려놔 앞만 보고 달려가
You ready, let's go

NaNaNa x2
Just stay in my lane
NaNaNa x2 아 근데

또 남을 쳐다봐 그리고 나를 봐
뭔가 나보다 하나씩은 더 잘난 것 같아
왜 일까 왜 일까
자꾸 보게 돼 나도 모르게

My Pace

모르고 고르는 선택의 연속

이거라도 뭐라도 해볼까 나만 뒤처질까

불안감이 계속 나를 조르거든

다른 애들 봐 다른 애들 봐

난 다른 애들관 다른 애들관 다르다고

말은 하지만 내 빈 잔에 욕심만 가득

인정하기 싫지만 옆을 보게 되잖아

앞서간다고 먼저 가는 건 아냐 Baby

저 멀리 보고 Take your time

조급할 필요 없어 My Pace

비교 따윈 하지 마

천천히 달려도 괜찮아

나의 길을 따라 My lane

급한 맘 내려놔 앞만 보고 달려가

난 아직 나의 목적지가 어디인지는 몰라

I don't know

저기 결승선의 내 모습이

어떤 모습일지 몰라

I want to know

하지만 일단 내 앞에 길을 달려

고민은 다음 갈림길에서

그때까지는 자꾸 나의 옆을 돌아보지 마

잊지마 My speed, My lane, My pace

조급할 필요 없어 My Pace

비교 따윈 하지 마

천천히 달려도 괜찮아

나의 길을 따라 My lane

급한 맘 내려놔 앞만 보고 달려가

You ready, let's go

NaNaNa x2

Just stay in my lane

NaNaNa x2

(Awkward Silence)
갑자기 분위기 싸해질 필요 없잖아요

작사 3RACHA ┃ 앨범 SKZ2020 ┃ 발매일 2020.03.18 (재발매)

일단 웃자 웃고 말자

울다 웃음 엉덩이에 뿔 난댔잖아

그냥 속는다 치고 웃자

너와 남을 비교하는 말들

너의 맘을 몰라주는 말들

그런 사소한 것들에

너의 소중한 하루의 좋은 기분을

날릴 필요 없어

그럴 이유 없어 빨간 불 같은 정색은 멈춰

네 주변을 멈춰 세우지마

정적이 흐르는 노잼의 시간은

솔직히 아깝잖아

Oh my god, 쟤 좀 봐

기분이 완전 우울해

인상 펴 주름 생겨 애벌레 될라

모든 게 짜증 나겠지만 Yeah

Like, Awkward Silence

까마귀 지나가

갑자기 분위기 싸해질 필요 없잖아요

쿨하게 지나가

웃고 넘기는 게 맘처럼 쉽진 않지만 baby

그 밝은 얼굴에 어두운 표정 짓지 마요

안 어울려 괜한 갑분싸

Hey Hey Pop Pop

좀 더 유하게 갑시다

왜 작은 말 한마디에 또다시 갑분싸

기분 싸해질 필요 없이 그런 말들은

다 무시하고 이젠 신경 쓰지 맙시다

왜 또 그렇게 울상이야

우리 웃자 그러다가 주름 생길라

솔직히 웃고 넘겨도

하루하루가 부족할 텐데

좀 감정 갖고 장난하지 맙시다

갑자기 분위기 싸해질 필요 없잖아요 (Awkward Silence)

Oh my god, 쟤 좀 봐
기분이 완전 우울해
인상 펴 주름 생겨 애벌레 될라
모든 게 짜증 나겠지만 yeah
Like, Awkward Silence

까마귀 지나가
갑자기 분위기 싸해질 필요 없잖아요
쿨하게 지나가
웃고 넘기는 게 맘처럼 쉽진 않지만 Baby
그 밝은 얼굴에 어두운 표정 짓지 마요
안 어울려 괜한 갑분싸
Hey Hey Pop Pop

기분 안 좋으면 뭐하겠냐 나가서
또 소고기나 사 먹겠지 꽃등심
배부르면 기분 좋다고 나가서
친구들이랑 가로수길 쇼핑 쇼핑 쇼핑

기분 안 좋으면 뭐하겠냐 나가서
또 소고기나 사 먹겠지 마블링
배부르면 기분 좋다고 나가서
친구들이랑 가로수길 Fashion

랄라랄라 x3 Everybody sing
랄라랄라 x3 There you go mate
랄라랄라 x3 Let me hear you say
랄라랄라 x3

까마귀 지나가
갑자기 분위기 싸해질 필요 없잖아요
쿨하게 지나가
웃고 넘기는 게 맘처럼 쉽진 않지만 Baby
그 밝은 얼굴에 어두운 표정 짓지 마요
안 어울려 괜한 갑분싸

Get Cool

작사 3RACHA 외 1명 | 앨범 SKZ2020 | 발매일 2020.03.18 (재발매)

꿀벌들도 get꿀 get꿀
난 지루해 데굴데굴 데구리
맛난 꿀 나도 먹고 싶어
오늘은 안될 게 뭐 있어

오랜만에 꺼낸 바지에선 돈이
오늘 점심값은 굳었다 save ma 용돈님
아침부터 운수대통 오늘따라 기분 좋아
소소한 고민도 없는 날 love it

웬일이야 오늘 정말
내가 가지고 있던 운을 다 써버린 걸까
많은 고민하지 말자
오늘만큼은 이런 나도

Get Cool
이 좋은 날 뭐가 더 필요해
Get Cool
내일 걱정 안 하며 날아갈 거야

오늘 난 fly into the sky,
fly into the sky fly fly
다 잘돼 오늘 뭔가 달라
더 높게 fly into the sky,
fly into the sky fly fly
so so 하지만 운수 좋은 날

get cool, get cool, get cool
절로 노래가 나와
사뿐 사뿐 사뿐 마치 구름 위 같아
모르고 고르고 산 음료수
get 이득 원플러스원
막내 오다 주웠다 훗 이게 형 클라스죠

그날 밤 치느님 영접 직전
개봉했더니 헐 다리가 3개
먹고 난 직후 누군가가
집 벨을 눌러 바로 택배
ready, ready, ready babe
오늘 아마 내게 lucky day
오늘따라 더 행복해져
get cool, get cool day

Get Cool

웬일이야 오늘 정말
내가 가지고 있던 운을 다 써버린 걸까
많은 고민하지 말자
오늘만큼은 이런 나도

Get Cool
이 좋은 날 뭐가 더 필요해
Get Cool
내일 걱정 안 하며 날아갈 거야

오늘 난 fly into the sky,
fly into the sky fly fly
다 잘돼 오늘 뭔가 달라
더 높게 fly into the sky,
fly into the sky fly fly
so so 하지만 운수 좋은 날

작은 것으로 절경이고 장관인 걸
신이 주신 선물이야
부족하지 않잖아 만족하는 걸
이게 바로 get cool 이야

Ey, small things that matter
Ey, little things that matter
Every once in a while
Imma feel so fly
That's cause there are subtle things
like Whoo

kicking the leaves
in the Autumn breeze
Don't forget about the sound
they make
Doesn't matter
if the world is a cold place
Cause I'm getting cooler

Get Cool
이 좋은 날 뭐가 더 필요해
Get Cool
내일 걱정 안 하며 날아갈 거야

오늘 난 fly into the sky,
fly into the sky fly fly
다 잘돼 오늘 뭔가 달라
더 높게 fly into the sky,
fly into the sky fly fly
so so 하지만 운수 좋은 날

MIROH

작사 3RACHA ㅣ 앨범 SKZ2020 ㅣ 발매일 2020.03.18 (재발매)

산을 넘어 산 넘어 강을 넘어 강 넘어

산을 넘어 산맥 강을 넘어 바다 다 넘어가 또 다음

힘들지 않아 거친 정글 속에 뛰어든 건 나니까 I'm okay

We goin' higher 다음 도시 속에 빌딩들 내려보며 Fly all day

워어오 워어오 워오 Higher 저 위로 갈래

워어오 워어오 워오 Higher 더 높이 날래

x2

처음이라서 방법이 없어 처음이라서 당돌해 봤어

처음이란 게 무기가 됐어 처음이라서 다 처음이라서 다

독, 덫, 독버섯 어디 한번 깔아 봐라

결국에 난 살아남아 어떻게든 살아남아

나는 알아 함정 따위 깔아 봤자 난 더 세게 밟아

답은 하나 뭐든 까고 보면 돼

힘들지 않아 거친 정글 속에 뛰어든 건 나니까 I'm okay

We goin' higher 다음 도시 속에 빌딩들 내려보며 Fly all day

MIROH

워어오 워어오 워오 Higher 저 위로 갈래
워어오 워어오 워오 Higher 더 높이 날래
x2

힘들지 않아 거친 정글 속에 뛰어든 건 나니까 I'm okay
We goin' higher 다음 도시 속에 빌딩들 내려보며 Fly all day

많은 가시덩쿨 다친 곳을 잡고 잠시 쉴 시간 없네
난 괜찮아 참고 계속해서 내 앞을 바라보며 뛰면 돼

Run through the 미로 Like a beast
다 비슷한 길은 다 피해가 미숙하지만 새로운 도전
Imma Bear Grylls 내 꿈을 막는 것들은
모두 먹어 치워 난 달려 내 꿈을 향하는 모험

힘들지 않아 거친 정글 속에 뛰어든 건 나니까 I'm okay
We goin' higher 다음 도시 속에 빌딩들 내려보며 Fly all day
x2

워어오 워어오 워오 Higher 저 위로 갈래
워어오 워어오 워오 Higher 더 높이 날래
x2

Astronaut

작사 3RACHA l 앨범 SKZ2020 l 발매일 2020.03.18 (재발매)

탐험을 떠나갈 거야 Right now
Young and free 두려울 건 없잖아
어디든 아지트가 될 거야
우주로 가자 Like an astronaut

난 준비돼있어 이미 가방을 다 쌌고
I stayed up all night
설레서 잠도 못 잤어
I'm brave I'm great
다 돼 내가 뭐를 하든 Okay
준비 Ready steady
이제 가자고 Anywhere

지도 따윈 내 맘이 가는 대로 그려
필요 없네 내 발이 닿는 대로 밟아
그래 모험해 내 우주선에 타
Like an astronaut

저기 별은 내 두 손에 닿을 듯이
점점 다가오네
코앞에 다가오면 그저 잡으면 돼
어디든 가면 되니까 어디든 가면 돼
어디든 가면 돼 내 우주선에 타면 돼

별 찾으러 떠나 뭘 모르고
Fly tonight (hey)
우주로 가자 Like an astronaut

이상한 나라에 도착해도
찾아 나서지 않을 거야 출구 (Hey)
무섭지 않아 어디도
방에 불 켜고 자는 나이는
벌써 지났다구 (Ey)

나를 막는 게 있다면
넘지 않고 빠샤 빠샤
갑자기 뭔가가
튀어나와도 난 빵야 빵야

Astronaut

지도 따윈 내 맘이 가는 대로 그려
필요 없네 내 발이 닿는 대로 밟아
그래 모험해 내 우주선에 타
Like an astronaut

저기 별은 내 두 손에 닿을 듯이
점점 다가오네
코앞에 다가오면 그저 잡으면 돼
어디든 가면 되니까 어디든 가면 돼
어디든 가면 돼 내 우주선에 타면 돼

탐험을 떠나갈 거야 Right now
Young and free 두려울 건 없잖아
어디든 아지트가 될 거야
우주로 가자 Like an astronaut
Take off

별 찾으러 떠나 뭘 모르고
Fly tonight (hey)
우주로 가자 Like an astronaut

Backpack 준비해놔 ey
당장 별을 찾아 Ey
빨랑 다녀올게 좀만 기다려봐 (Hey hey)
Pitch black 해도 난 가 ey
당장 달을 찾아 Ey
빨랑 다녀올게 좀만 기다려봐 (Hey hey)

탐험을 떠나갈 거야 Right now
Young and free 두려울 건 없잖아
어디든 아지트가 될 거야
우주로 가자 3, 2, 1, Take off

별 찾으러 떠나 뭘 모르고
Fly tonight (hey)
우주로 가자 Like an astronaut

Mixtape : Gone Days

작사 방찬 ┃ 앨범 Mixtape : Gone Days ┃ 발매일 2019.12.26

시간이 멈췄어 신호등 안 바뀌어
나이는 계속 들어
But we ain't moving on
기억에 머물러 그래서 안 바뀌어
시야는 좁아져 눈 좀 떠 uh

이해는 돼 그 당시에 다 그랬다는 걸
근데 난 왜 그걸 이제 들어야 하는겨
You think you're right
Nobody's right 오직 의견
그때는 그때 지금은 지금 제발 놔줘

매일 똑같은 말 지겹지도 않아
알고 보니 말한 기억도 안 나는

Gone days
왜 자꾸 다 안된다는 건데
지나간 과거 신경 꺼 ey
This is the new generation
go away Gone days

꼰대 Woah Go away
꼰대 Woah Uh oh

이것저것 말해줘도
비염 세척하는 것처럼 흘려
이상하게 뭔 말만 해도
난 잔소리밖에 안 들려
흠 과거 속에 갇혀 있다고
나도 끌어당기지 마

Mixtape : Gone Days

어찌 보면 조금 불쌍한 것 같아
I'll tell you why
인생 선배 입장에서 가르치고 싶은 마음
10년 20년 후 성공했으면 하니까
신경 써줘서 고맙기도 해

매일 똑같은 말 지겹지도 않아
알고 보니 말한 기억도 안 나는

Gone days
왜 자꾸 다 안된다는 건데
지나간 과거 신경 꺼 ey
This is the new generation
go away Gone days

꼰대 Woah Go away
꼰대 Woah
x2
Uh oh

Gone days
어차피 올해도 끝났는데
나 때는 말이야 그만 좀 해
더 이상 참기가 힘들어 ey

Gone days
걱정돼서 그러는 거 이해해
그래도 한번 믿어줘 ey
다가올 미래를 책임질게
Let me be myself

Gone days
왜 자꾸 다 안된다는 건데
지나간 과거 신경 꺼 ey
This is the new generation
go away Gone days
x2

비행기 (Airplane)

작사 방찬, 창빈 외 3명 I 앨범 GO生 I 발매일 2020.06.17

YAYA 비행기 비행기

멀리 떠나 올라타자 비행기

너와 나 함께 타는 비행기

We are, we are 어디든 가요

We are, we are 너와는 어디든지 가지

Okay 어디든지 가지 지구 저 끝까지

해와 달이 바통 터치한 후

다시 해가 뜰 때까지

만날 때마다 날아가는 기분

한시라도 아까워 1분

아껴보자고 풀린 신발 끈도 못 묶었어

파란 하늘 바라보며 걷는 것도 좋은데

저 하늘과 더 가깝게

영화 감상은 색다르게

기내 음료와 얼음은 적당하게

우와 감탄사와 mm mm mm

노랫말 따라 Paris 아님 London 어때

Ay, ay, 기다려봐 잠깐만 진정해봐

Ay, ay, 있잖아 나 네가 난 너무 좋아

처음부터 넌 내 심장을 흔들고

나를 미치게 해

멀리 떠나 올라타자 비행기

너와 나 함께 타는 비행기

We are, we are 어디든 가요

We are, we are 너와는 어디든지 가지

짐 싸고 와 올라타자 비행기

같이 가 날 따라와 비행기

We are, we are We high, we high

멀리멀리 너와는 어디든지 가지 ya ya

Today's the day to fly away

기대가 돼 구름 침대

상상할수록 맘이 편해져 baby

빨리 나와 못 참아 설레는 기분 말야

드디어 남의 눈치 보지 않고 쉴 수 있어

그동안 쌓인 모든 것들 창문 밖에 던져

편하게 둘만의 세계에 있는데

어느 순간 도착한 이곳은

New York 아님 LA

비행기 (Airplane)

Ay, ay, 기다려봐 잠깐만 진정해봐
Ay, ay, 있잖아 나 네가 난 너무 좋아
처음부터 넌 내 심장을 흔들고
나를 미치게 해

멀리 떠나자고 올라타 비행기
너와 단둘이서 타는 비행기
We are, we are We high, we high
멀리멀리 어디든 가요

짐 싸고 와 올라타자 비행기
같이 가 날 따라와 비행기
We are, we are 어디든 가요
We are, we are 너와는 어디든지 가지

Now put your hands up
우리는 매일 매일
좋은 느낌 가지고서 떠나
Now put your hands up
우리는 매일 매일 멀리 떠나
We falling in love yeah

Girl I will show you Neverland
난 너의 피터 팬 나의 손 놓지 마 babe
아무도 본 적이 없는 걸
너만 보이게 모든 걸 다 네게 줄게

Wait 좀 더 내 옆으로 와 closer
늦기 전에 나를 봐 my lover
꿈속에서조차 난 멀리 떠나는 상상을 해

Now put your hands up
우리는 매일 매일
좋은 느낌 가지고서 떠나
Now put your hands up
우리는 매일 매일
좋은 느낌 가지고서 떠나
everywhere

멀리 떠나 비행기 타고
너와 나 단둘이 가는 trippin'
짐 싸고 와 비행기 타고
멀리멀리 너와는 어디든지 가지 YAYA

The View

작사 3RACHA 외 1명 I 앨범 NOEASY I 발매일 2021.08.23

날리는 낙엽에 떠 있지 파란 하늘 속 수영하는 구름 잠수함
계속 내 눈앞에 보이는데 혹시 꿈은 아니겠지 그 정도로 예뻐

입도 뻥긋하지 못한 채로 그대로 얼어붙어 있어 뻥 뚫린 듯해
답답히 막힌 어제와는 달리 갑갑한 맘도 없이 편해

그동안 몰랐어 앞이 어두웠어 Cause I never ever let it go
이제는 맘 편해 I like it 이 느낌
And I'll never ever let it go (let's go)

I like The View right now (yeah yeah)
I like The View right now (right now right now)
I like The View right now (right now)
I like The View right now (woah)

이전엔 사막처럼 막막했던 공간 이젠 달리고 싶은 넓은 들판
이 곳의 다양한 색들이 보여 크고 작은 미래들이 살아 숨 쉬어 ey

살랑살랑 부는 바람 따라 모두 떠났는지
내 주위를 맴돌던 고민들은 온데간데없고
새롭게 날 반기는 상상이 넘쳐

가파른 언덕 따윈 없어 편히 달려
동서남북으로 퍼진 바람이 날 반겨
한동안 좀 헤맸던 내 모습에 손 뻗어주는 나뭇가지들 덕에
더 훤해지는 시야 이제 날 밝혀줘

The View

Running on the field now 걱정 따윈 없이 나
저기 끝이 어딘지는 모르겠지만 상쾌한 바람에 내 전부를 맡겨

그동안 몰랐어 앞이 어두웠어 Cause I never ever let it go
이제는 맘 편해 I like it 이 느낌
And I'll never ever let it go (let's go)

I like The View right now (yeah yeah)
I like The View right now (right now right now)
I like The View right now (right now)
I like The View right now (woah)

해가 가려도 해가 가려도 Nanana nanana
하루 지나고 하루 지나고 Nanana nanana

모든 게 어려웠던 그때는 나 자신도 몰랐어
아무리 기다려도 그때는 막막한 벽에만 부딪혔어 ey ey

어지럽게 어질러진 머 머릿속에
먼지들이 스친 바람에 좀 날아가 저 저 멀리
거칠고 지겨웠던 태풍이 지나가고 이제 보여 앞에 천 리

I like The View right now x6
yeah 어디로 가도 괜찮아

FAM (Korean Ver.)

작사 3RACHA I 앨범 SKZ-REPLAY I 발매일 2022.12.21

하나둘씩 모여서 하나같이 움직여
Everybody put your hands up
Stray Kids sing it loud loud loud
우린 서로서로가 너무 잘 알아
이렇게 다 같이 무대 위를 날아
가족보다 많이 보는 사이
봐도 봐도 안 질리는 타입

사투리가 쑥스러운 부산 소년
모두 아빠 미소 지어 얘가 뜨면
(어우 귀여워)
유니크한 목소리에
귀를 쫑긋 기울이게 되지
눈웃음엔 퐁당 빠져버리지

나이는 제일 어리지
근데 사실상 팀 내 서열 1위지
외쳐 아기빵 (아이엔) 원탑 (아이엔)

강아지 닮은꼴
댕댕미 넘쳐 like a Labrador
감미로운 목소리에 또 반듯
하지만 가끔은 엉뚱해서 갸우뚱 (저요?)

매너는 기본 예의와 성실
아이고 가끔 실수도 하는 인간미
Dandy voice (승민) Dandy boy (승민)

Everyday every night,
you can always see the stars
별자리 주근깨
뽁아리의 "I tried living the life"
듣는 덕분에 더 밝아진 인생 (what?)

하루하루가 따뜻해지는 원인은
Stray Kids 행복이
Sunshine (필릭스) 용복 (필릭스)

쿼카를 닮아 재능은 만땅
랩할 때는 스웩으로 도배시켜놓고
노랠 부를 땐 서정 서정해

화려한 입담에 분위기 메이커
근데 하나만 니 물건 좀 챙겨
쿼카 (한) 만능 (한)

FAM (Korean Ver.)

하나둘씩 모여서 하나같이 움직여
Everybody put your hands up
Stray Kids sing it loud loud loud
우린 서로서로가 너무 잘 알아
이렇게 다 같이 무대 위를 날아
가족보다 많이 보는 사이
봐도 봐도 안 질리는 타입

입술도 매력적인 족제비 (족제비)
확 깨물어버릴까 귀요미 (귀요미)
황금보다 빛나는 금손에
반전 매력에 모두가 충격받지 (why?)

춤 선 하나하나 섹시하고
세상을 바라보며 색칠하는 멋진
Artist (현진) Genius (현진)

하체 하면 들리는 (여~)
상체 하면 들리는 (여~)
노이즈 캔슬링 켜도
미소 짓게 되는 엄청 큰 목소리

누구지? 라는 질문에 정답은 뻔하죠
무대 씹어먹는 그의 이름 외쳐볼까요?
돼끼 (창빈) 줏대 (창빈)

레오나르도가 깎았나 봐
코가 날카로워 공기조차 가르니까
Move like jagger yeah
춤 보면 hhhhhhh
함성이 절로 나와
이건 눈부셔 man Like hhh

뭔 말이야 그건 또 뭐야 hhh
가끔은 4차원이지
이상한 (리노) 잘생긴 (리노)

몸에 밴 책임감 역시 리더인가
점프력은 캥거루를 뺨쳐 뺨쳐
자다 깬 얼굴은 빵점 (빵점)

어깨 넓이는 태평양 (와우)
복근은 (오메) 빨래판
리더 (방찬) 캥거루 (방찬)

하나둘씩 모여서 하나같이 움직여
Everybody put your hands up
Stray Kids sing it loud loud loud
우린 서로서로가 너무 잘 알아
이렇게 다 같이 무대 위를 날아
가족보다 많이 보는 사이
봐도 봐도 안 질리는 타입

Chapter. 2
SLAY

Chapter. 2
SLAY

⊛ **STAY 메시지** #LoveSKZ

우연히 Stray Kids를 알게 되고 입덕한 이후로 퍼포먼스에 끌려서 노래를 듣다 보니 점점 마음을 울리는 가사들이 많다는 걸 알게 됐어요. 그들의 얼굴만 봐도 좋았던 내가 이제는 Stray Kids의 노래와 마음 모든 게 더욱 소중하게 느껴집니다. 이 음악이 끝나지 않기를, Stray Kids의 이야기가 내 삶의 일부로 계속되기를….

- 빛나는 스키즈 (Glow SKZ) @Glow SKZ

Chapter. 2 SLAY
Piano Cover

Stray Kids
가사 필사집

승전가 (Victory song)

작사 3RACHA I 앨범 SKZ2020 I 발매일 2020.03.18 (재발매)

Listen to this 승전가
Stray Kids ah
Listen to this 승전가
Undefeated
Listen to this 승전가

Roll the dice hunnid times
눈 감아도 알아 Roll the dice 다 던져 난
승전가 All the time
귀 닫아도 알아 승전가가 들려 난

승자의 여유 얼굴에는 미소 씩
누가 나 같아 누구도 나와
Get the (oops) out of here
너무 향기로운 꽃길
꽃향기에 취해 만취
더 높은 곳을 향해 날아
존재 자체가 반칙

절대 멈출 리 없어
다 던져 I'll go all out
난 어차피 이기는 싸움에 덤벼 다 던져

절대 후퇴는 없어
패기와 객기로 자신감 넘쳐 다 던져
승자의 함성 Oh

Listen to this 승전가
Undefeated
x2
Listen to this 승전가

돌진해 막 위로 Fly high
누가 나를 막아 감히 날
정글의 왕 Tiger 잡아먹는 아나콘다
목표를 향해 질주해 난 더 높이가 비상

승전가 (Victory song)

뭐가 어떡해 아마추어
뭐가 어떡해 다 우스워
뭐 아니어도 모 아니면 도
나침반이 뭘 가리켜도
빨리 I got it 난 어디든지 다
도달해야만 성이 차

절대 멈출 리 없어
다 던져 I'll go all out
난 어차피 이기는 싸움에 덤벼 다 던져

절대 후퇴는 없어
패기와 객기로 자신감 넘쳐 다 던져
승자의 함성 Oh

Listen to this 승전가
Undefeated
x2
Listen to this 승전가

분위기는 뜨겁게 내 열정을 불태워
실패를 두려워하란 말은 못 배워
넘어가지 못하는 높이는 없어
날 믿고 가면 돼 하나둘씩 올라가
승자의 함성 Oh

Listen to this 승전가
Undefeated
x2
Listen to this 승전가

Boxer

작사 3RACHA | 앨범 SKZ2020 | 발매일 2020.03.18 (재발매)

아… Okay
안녕 난 어디든 비행할 수 있는 청소년
그렇다고 비행 청소년은 아냐
다 Attention

난 나보다 약한 건 안 건드려
센 것들만 골라내서 모두 제껴
순한 양이었다가도 목표 앞에 맹수 (야옹)

내 패기를 뱉어 내 백퍼
내 배를 채울 목표는
지구 반대편에 태워 내
포기는 보이지 내 객기

매일 올라가는 내 모습
마치 하늘 향한 우주선
내 앞길은 창창해서
태양마저 갈 길을 비춰

Oh I'll keep fighting
Oh you can't stop me
원 투 다 덤벼 하나씩
K. O. 누구보다 빨리

잘 봐 빛의 속도로 Hey
두 주먹 머리 위로 Hey
박살, 아 좀 심했나? BOXER

Jab, Stray Kids, jab
One, two, 카운터 펀치 Knock out
Jab, jab, Stray Kids, jab, jab
One, two, 카운터 펀치 Knock out

눈에 들어오는 것들 다 잡아
손에 들어오면 놓지 않고 꽉 잡아
눈에 내 먹잇감이 보인다
독수리처럼 날아올라 싹 다 잡아가

눈에 들어오면 다 잡아
손에 들어오면 꽉 잡아
눈에 내 먹잇감이 보인다
독수리처럼 날아올라 싹 다 잡아가

비켜 다 가라 가라 가라 고
더 높이 Gotta gotta gotta go
클랙슨 빠라바라바라 밤
승전가 라리다리 라랄라

Boxer

I'm gonna draw my future
like Picasso
난 유달리 원하는 건 차지해
목표 위를 날지 (날라리는 아냐)

산 넘어 산 강 넘어가
강 넘어 강 다 넘어가
산 넘어 산맥 강 넘어 바다
다 넘어가 그 담을 넘봐

Oh I'll keep fighting
Oh you can't stop me
원 투 다 덤벼 하나씩
K.O. 누구보다 빨리

잘 봐 빛의 속도로 Hey
두 주먹 머리 위로 Hey
닭살, 소름 돋냐? BOXER

Jab, Stray Kids, jab
One, two, 카운터 펀치 Knock out
Jab, jab, Stray Kids, jab, jab
One, two, 카운터 펀치 Knock out

Turn it up 준비 Spotlight 날 비춰
내가 가고픈 대로 가 어디든
하고픈 대로 해 뭐가 어쨌든

주먹을 높이 올려치고 1, 2
더 밝은 미래에 빌어 난 건투
어차피 이길 거 한대 정도 맞아 줄게
자 이제 링 울려
박살, 아 좀… BOXER

Jab, Stray Kids, jab
One, two, 카운터 펀치 Knock out
Jab, jab, Stray Kids, jab, jab
One, two, 카운터 펀치 Knock out

눈에 들어오는 것들 다 잡아
손에 들어오면 놓지 않고 꽉 잡아
눈에 내 먹잇감이 보인다
독수리처럼 날아올라 싹 다 잡아가

눈에 들어오면 다 잡아
손에 들어오면 꽉 잡아
눈에 내 먹잇감이 보인다
독수리처럼 날아올라 싹 다 잡아가

Double Knot

작사 3RACHA I **앨범** SKZ2020 I **발매일** 2020.03.18 (재발매)

어지럽게 뒤엉킨 머릿속의 고민 털어

어디로 갈까 하는 질문 이젠 상관없어

발길이 닿는 대로 어떤 곳이든 난 Runnin'

느슨해진 신발 끈을 다시 묶어 Movin'

Now I'm free! Get up 어디든 나는 갈 수 있어

Free! Get up 갈 길을 가지 뭐든 비켜

Free! Get out 어디로 가든 신경 다 꺼

다 다다다 다다 다 다 다

웅크렸던 자세를 펴 어디든 걸어 여유를 느껴

흙탕물 범벅 길도 삐까뻔쩍한 길로

드라마틱한 틱하면 틱하고

척하면 척하는 결말을 만드는 감독

인생 명작 So 꽉 꽉 끈질기게

더 꽉 묶어 Double knot x2

어디로든 가 난 Go go 내 맘대로 골라 Go go

어디로든 가 난 Go go

가고 싶은 대로 다 다다다 다다 다 다

눈금 없는 Dice 앞뒤 없는 Coin

어떤 면이 보인대도 상관없어 나는

방향 없는 나침반을 보며 Going

Double Knot

많은 걸 얻지 못하더라도 괜찮아 백 중에 하나라도
백지에다 욕심부려 모든 색을 칠해봤자 검은색만 남아

Now I'm free! Get up 어디든 나는 갈 수 있어
Free! Get up 갈 길을 가지 뭐든 비켜
Free! Get out 어디로 가든 신경 다 꺼
다 다다다 다다 다 다 다

한 곳만을 바라보고 왔던
내 시야는 넓어지고 많은 길로
눈을 돌려 여러 갈래길로
나눠진 이곳을 보며 커진 동공
Go! Break all the, break all the rules
발이 막 닿는 대로
숨이 턱 끝까지 차올라 꽉 꽉 끈질기게

더 꽉 묶어 Double knot x2
어디로든 가 난 Go go 내 맘대로 골라 Go go
어디로든 가 난 Go go
가고 싶은 대로 다 다다다 다다 다 다

멈추든 말든 Ey ey Wherever I go, ey ey
뭘 하든 말든 모두 다 내 맘대로
Double knot Double knot
가! x6 Double knot

Booster

작사 3RACHA | 앨범 Clé : LEVANTER | 발매일 2019.12.09

냅다 밟아 엔진에 불날 때까지
초속 넘어 광속으로 잴 때까지
내가 지나가면 길에 불이 붙어
몸이 풀리면서 더 빨라지는 속도

눈을 깜빡이면 이미 저 멀리 가있어
누구보다 빨리 원하는 곳을 밟아

출발할 준비는 다 됐어
누구도 날 따라잡을 수 없어 My pace
앞만 보고 난 달려 빨라지는 나의 속도

만만치 않아 않아 느려져도 난
I over-overtake it all
빛보다 빠른 날 보고 입 벌어져
지켜봐 눈 깜빡한 사이에
One step ahead

I oh I 거센 바람이 휘몰아쳐도
I'm gonna ride oh I
그 바람에다 몸을 맡긴 채
더 거칠게 앞을 나아가

제쳐 나가 제쳐 나가 달려가
헤쳐 나가 헤쳐 나가 달려가 달려가
제쳐 나가 제쳐 나가 달려가
지켜봐 눈 깜빡한 사이에
One step ahead

발밑에 뭐가 있든 밟고 가 Here we go
방지턱 없는 이곳 최고 속도 올리고
아무것도 필요 없어
불규칙한 노선에 지도 따윈 없어

어차피 핸들을 잡은 건 나야
가고 싶은 대로 가는 거 그게 다야
오리배 타도 1초에 수백 번 발을 굴려
제트스키 아니 제트기보다 빨리

뒤뚱뒤뚱 오리배가 날지
모락모락 불타는 기세를 몰아
유모차로 슈퍼카를 제쳐가

Booster

출발할 준비는 다 됐어
누구도 날 따라잡을 수 없어 My pace
앞만 보고 난 달려 빨라지는 나의 속도

만만치 않아 않아 느려져도 난
I over-overtake it all
빛보다 빠른 날 보고 입 벌어져
지켜봐 눈 깜빡한 사이에
One step ahead

I oh I 거센 바람이 휘몰아쳐도
I'm gonna ride oh I
그 바람에다 몸을 맡긴 채
더 거칠게 앞을 나아가

제쳐 나가 제쳐 나가 달려가
헤쳐 나가 헤쳐 나가 달려가 달려가
제쳐 나가 제쳐 나가 달려가
지켜봐 눈 깜빡한 사이에
One step ahead

가열이 된 엔진이 멈춰도 뒤처지지 않아
역풍이 불어와 날 막아도
다 헤쳐나가 I never stop
어떤 상황이 와도 달려
누구도 날 잡지는 못해
전부 제쳐 모두 뒤로 Speed it up

I oh I 거센 바람이 휘몰아쳐도
I'm gonna ride oh I
그 바람에다 몸을 맡긴 채
더 거칠게 앞을 나아가

제쳐 나가 제쳐 나가 달려가
헤쳐 나가 헤쳐 나가 달려가 달려가
제쳐 나가 제쳐 나가 달려가
지켜봐 눈 깜빡한 사이에
One step ahead

District 9

작사 3RACHA I 앨범 SKZ2020 I 발매일 2020.03.18 (재발매)

나도 나를 잘 모르는데 왜
네가 나를 아는 듯이 말해 oh
Get lost 여긴 우리 구역
get outta here
여기 네 자리는 없어 District 9

Talk talk 참 말들이 많아
What what 헛소리만 늘어
잔소리나 욕지거리는 제발 그만해
죽이 되든 밥이 되든 내가 알아서 할게

Oh oh Better watch out
Oh oh 위험하니까
Oh oh Better watch out
여긴 우리 구역 District 9

사실은 난 나를 몰라 답답해
언제나 매일 고민 중
answer me 그럼 해답을 줘봐
속 시원한 대답 좀

Stray kids everywhere
all around the world
떠돌지들 말고 여기로 찾아오렴
Stray kids everywhere
all around the world
점점 커져가는 그들의 발걸음 소리

못하면 제발 간섭 좀 마 please
여기는 우리 jungle이지
이 안에서는 우리 룰 대로
움직여 내 구역 District 9

남들이 우리를 볼 땐 문제아들의 무리
그런 시선들을 바꾼다는 건
쉽지 않은 문제 풀이
풀리지 않는 오해와 편견들에
풀이 죽을 수는 없지
우리가 누구인가를 증명하는 게
우리들의 임무지

싹 다 뒤집어놔 eh oh
다 뒤집어 now eh oh
부정적인 시선 집어치워 back off
그건 잘못됐어

District 9

그들은 말해 너넨 나랑 다르니까
여길 떠나줘
그래 근데 다르다는 말은
틀린 게 아니란 것만은 알아둬
곧 시기 받을 시기 우리 위천
작은 빛이 크게 비치는 District
Stay로 시작해 uh
끝은 아마 모두의 아지트

싹 다 뒤집어놔 eh oh
다 뒤집어 now eh oh
부정적인 시선 집어치워 back off
그건 잘못됐어

나도 나를 잘 모르는데 왜
네가 나를 아는 듯이 말해 oh
Get lost 여긴 우리 구역
get outta here
여기 네 자리는 없어 District 9

거울 앞에 freeze ey 땀에 젖은 채 ey
그러니 제발 입 다물고 모두 쉿
진짜 내 모습이 무언지 찾는 중

피땀 흘린 연습실 바닥은 red
밤을 새며 죽도록 달렸는데
결국엔 일그러진 표정 앞에 광대
노답 우린 우리 공간을 지킬게

싹 다 뒤집어놔 eh oh
다 뒤집어 now eh oh
부정적인 시선 집어치워 back off
그건 잘못됐어

나도 나를 잘 모르는데 왜
네가 나를 아는 듯이 말해 oh
Get lost 여긴 우리 구역
get outta here
여기 네 자리는 없어 District 9

Oh oh Better watch out
Oh oh 위험하니까
Oh oh Better watch out
여긴 우리 구역 District 9

TOP ("신의 탑" OST) ("Tower of God" OP)

작사 3RACHA 외 1명 | 앨범 TOP | 발매일 2020.05.13

다들 말해봐 도대체 어디까지가 우리의 한계
남들이 어디까지 가냐 묻는 단계
대답은 계속되는 도전이 만들어낼 위치로 대신 답해
끝이 어딘지 몰라 끝까지 갈 수밖에

Yeah 불가능하단 말들 앞에 서롤 더 붙잡고 전부 헤쳐나갈게
눈앞이 막막해도 달려 나가 uh 수많은 싸움 절대 기권 안 해 끝을 봐

하늘의 끝을 향해 뚫고 올라가는 계단을 바라보며
오를 수 있을까란 생각에 불안해져 피할 수 없는 모험
숨이 멎어 쓰러질 때까지 내 전부를 걸고 뛰어
Never let you go never let you go
희미하던 빛이 환해질 때까지 I go
No turning back Go up

후퇴는 없어 고갤 들어 위를 봐 Go up
Never let you go never let you go
희미하던 빛이 환해질 때까지 I go

이미 나는 전부 던졌어 두려움을 이미 떨쳤어
내 앞을 가로막아 봤자 그저 뚫고 지나가
내가 원하던 꿈을 찾기 위해 다시 한 발 더 위로 가

Woo 시간이 지나갈수록 쉽지 않을 거라고 난 알지
하지만 아무리 모든 게 힘들고 나를 내려쳐도 피땀 흘려도
I know that I can win

TOP ("신의 탑" OST) ("Tower of God" OP)

하늘의 끝을 향해 뚫고 올라가는 계단을 바라보며
오를 수 있을까란 생각에 불안해져 피할 수 없는 모험
숨이 멎어 쓰러질 때까지 내 전부를 걸고 뛰어
Never let you go never let you go
희미하던 빛이 환해질 때까지 I go
No turning back Go up

후퇴는 없어 고갤 들어 위를 봐 Go up
Never let you go never let you go
희미하던 빛이 환해질 때까지 I go

다시 일어나 넘어져도 가 계속 늘어나는 문제를 풀어가
끝은 어딜까 이 탑의 답은 있을까
손에 쥐어진 열쇠로 또 다음 문을 열어가

또 시작된 관문에 얼어붙은 정신
그저 일사불란하게 움직여 나를 걸지
올라갈수록 더 가빠지는 호흡과 텅 빈 머릿속에
오직 정상을 향한 꿈만 남지
No turning back Don't let go

후퇴는 없어 고갤 들어 위를 봐 Don't let go
쉬지 않고 난 달려 옆도 뒤도 돌아보지 않고 Woah
Never let you go never let you go
희미하던 빛이 쏟아질 때까지 I go

神메뉴 (God's Menu)

작사 3RACHA ㅣ 앨범 GO生 ㅣ 발매일 2020.06.17

"네 손님"

어서 오십시오 이 가게는 참 메뉴가 고르기도 쉽죠

뭘 시켜도 오감을 만족하지 하지

지나가던 나그네, 비둘기까지 까치까지 까마귀들까지

Cooking a sauce 입맛대로 털어 음미하고 lick it 말해 bon

Taste so good 반응은 모두 쩔어 But 모두 자극적인 거

I want it till 다 먹일 때까지 연구하지 cross boundaries

경계 따위 없어 마치 창조하듯 소리를 만들지

그저 계속 만들어가 새롭게

Because we're one of a kind

누구도 따라 할 수 없는 our own game

시작부터 다 우리 꺼

잠깐 떠나간다 해도 결국 다시 찾게 될

열기가 식지 않는 메뉴 지금부터 싹 다

입맛에다 때려 박아 DU DU DU DU DU DU

이게 우리 탕 탕 탕탕 DU DU DU DU DU DU

이게 우리 탕 탕 탕탕

지금 바로 눈에 불을 켜

I just wanna taste it, make it hot

새로운 불판 위에 track을 달궈

메뉴 골라 call me up 원하는 걸로 다 serve

DU DU DU DU DU DU

神메뉴 (God's Menu)

Cookin' like a chef I'm a 5 star 미슐랭
"미"의 정점을 찍고 눈에 보여 illusion
Whoo 첨 느꼈지 이런 감정
놀랄 거야 gonna shock 바로 감전

자물쇠 따 싹 다 unlock Idea bank 머릿속을 털어 털어
비밀재료가 궁금하다면 사실 우린 그딴 거 안 써

그저 계속 만들어가 새롭게
Because we're one of a kind
누구도 따라 할 수 없는 our own game
시작부터 다 우리 꺼

잠깐 떠나간다 해도 결국 다시 찾게 될
열기가 식지 않는 메뉴 지금부터 싹 다
입맛에다 때려 박아 DU DU DU DU DU DU

뭐든 그냥 집어넣어 눈치 보지 말고 더
망설이지 말고 부어 비벼 비벼 "네 손님" DU DU DU

이게 우리 탕 탕 탕탕 DU DU DU DU DU DU x2

어서 오십시오 이 가게는 참 메뉴가 고르기도 쉽죠
뭘 시켜도 오감을 만족하지 하지
지나가던 나그네, 비둘기까지 까치까지
DU DU DU DU DU DU

Back Door

작사 3RACHA | 앨범 IN生 | 발매일 2020.09.14

Hey, you wanna come in?

다 치워 이제 들어가 저번 건 입가심 umm

이젠 본편으로 party 감당 안 됨 빠지지 yeah

에고 어기어차 참 뻐근한 거 다 풀고 맘대로 즐겨 누구라도

불 끄고 눈 밝혀라 밤새 억눌렀던 흥을 끌어모아 방생

손잡이를 돌려 내가 원하던 걸 다 볼래

이 문 앞에서 들리는 음악 소리

내 목소리가 터지도록 외쳐 멈칫할 시간 따윈 없어

Hey Come inside now Hey

관계자 외 출입금지 여긴 back door x3

관계자가 되고 싶다면

Ey 여기까지가 끝인가 보오 머리 쓸 시간 ready to go

고생했어 주인 잘못 만난 몸

호강 시켜 줄게 따라와라와라 back door

세콤 아니니까 괜찮네 지금 들려오는 이 소리는 팡파르

밤새 놀아보자 필요한 건 more caffeine

오려면 오든가 암호는 열려라 참깨

달라 보여 모든 게 완벽해지는 이 순간

두 눈앞에서 펼쳐지는 fantasy

내 목소리가 터지도록 외쳐 멈칫할 시간 따윈 없어

Back Door

Hey Come inside now Hey
관계자 외 출입금지 여긴 back door x3
관계자가 되고 싶다면 Knock knock

Lights out Yeah
시간이 지나갈수록 더 화려해지는 이 순간
Yeah we gon' do it right now,
do it right now baby

이제부터 정신 차려 이 세계를 눈에 담아
심장 울려 rum pum pum pum

Make 'em say wow wow wow yeah
다들 불러와 와 와 ey
노래 불러라 라 라 hey 3 2 1

관계자 외 출입금지 여긴 back door x3
관계자가 되고 싶다면 Knock knock

종 때리고 미쳐 날뛰어 오늘도 we do our thang
종 때리고 미쳐 날뛰어 오늘 밤도 짖어 ey
종 때리고 미쳐 날뛰어 오늘도 we do our thang
종 때리고 미쳐 날뛰어

Hey, you wanna come in?

소리꾼 (Thunderous)

작사 3RACHA ｜ 앨범 NOEASY ｜ 발매일 2021.08.23

Oh 소리를 지르는 내가 oh
창빈이란다 내 자리는 내가 취한다
태도는 터프하게
트랙 위를 폭주하는 기관차 ey
몰아치는 허리케인에 뒤집어진 우산
잔소리꾼의 최후 하하 꼴이 좋구나

나무꾼은 어서 돌아가시오
여긴 나무랄 데가 없네
납작해질 리 없는 콧대
목 핏대와 함께 세운 줏대
훨씬 더 웅장하게 내는 경적 소리
빵빵 빵빵

Here they come
악당 무리에 뜨거운 피가 돌아
온몸에 번져
소문난 꾼들의 모임에 쏟아지는 눈빛은

Freezing cold but
I know we'll burn forever
해보라는 태도 난 여전히
할 말을 내뱉지 퉤 퉤 퉤

소리꾼 소리꾼 (퉤 퉤 퉤) 소리꾼
Man I'm not sorry, I'm dirty

우르르쾅쾅쾅쾅 천둥 (빠라바밤)
구름 타고 두둥 (빠라바밤)
바람과 함께 등장한 꾼
BANG BANG BANG BOOM
Man I'm not sorry, I'm dirty
Keep on talking,
we don't play by the rules

그래 다들 헛소리소리소리
이거저거 귀찮아서 도리도리
말이 너무 많아 자꾸 나서지 좀 말아
Why you mad? Why you sad?
Why you 틱틱틱

소리꾼 (Thunderous)

Out of 안중
얼레리 꼴레리 멋있는 척들이 앙증
발끝조차도 따라오지 못해 여긴 내 판들
들어봐 (What's up?) 질투가 (나나 봐)
전부 한쪽으로 치워놓고 버려

Here they come
악당 무리에 뜨거운 피가 돌아
온몸에 번져
소문난 꾼들의 모임에 쏟아지는 눈빛은

Freezing cold but
I know we'll burn forever
해보라는 태도 난 여전히
할 말을 내뱉지 퉤 퉤 퉤 Hahaha

소리꾼 소리꾼 (퉤 퉤 퉤) 소리꾼
Man I'm not sorry, I'm dirty

꾼들이 왔어요 (huh)
꾼들이 왔어요 (비켜라)
날이면 날마다 오는 날이 아닌 오늘
소리꾼들이 왔어요

원래 삐딱해 소리는 일당백
맘에 안 들면 들 때까지 말대답해
Final warning 당장
back up 뱉어 센 척 Back off
할 말을 내뱉지 퉤 퉤 퉤

소리꾼 소리꾼
Man I'm not sorry, I'm dirty

우르르쾅쾅쾅쾅 천둥 (빠라바밤)
구름 타고 두둥 (빠라바밤)
바람과 함께 등장한 꾼
BANG BANG BANG BOOM
Man I'm not sorry, I'm dirty
Keep on talking,
we don't play by the rules

WOLFGANG

작사 3RACHA I 앨범 NOEASY I 발매일 2021.08.23

세상에 물들어 버린다
빨갛게 물들어 버린다
아픔을 참아본다 독하게 견뎌본다
달빛이 타오르는 밤

GRR WOLFGANG AH
GRRAH WE GO WILD x2

Focus 우리가 느껴지면 예의를 갖춰
고갤 쳐들지 말고 자세를 낮춰
굶주린 사냥꾼 굶주린 사냥꾼
자비 하나 없이 단숨에 목을 물어버려

다 씹어 먹어버려
약육강식의 세계 죄책감은 묻어버려
고조되는 음악과 우리의 howling
분위기를 압도하기에 가뿐

Plowing through the storm
yeah I know
숨막혀 잔인함의 연속
벗어나려 해도 now I know
그 누구도 피할 수 없는 competition

다 사라져 가는 게 무서워 두려워
그렇게 무리 지어 뭉쳐야 살아
세상을 지휘하는 우린 maestro
매 순간 영혼을 갈아
GRR WOLFGANG AH

숨을 죽여라 걸리적거리니까
본성을 드러내 본능을 따라
꼭꼭 숨어라 머리카락 보인다
본성을 드러내 본능을 따라

WOLFGANG WOLFGANG
WOLFGANG GRRAH WE GO WILD
WOLFGANG WOLFGANG
WOLFGANG 세상을 울리는 howling

WOLFGANG

중대 헤쳐 모여 차렷 모두 열중쉬어
We go hard let's go get'em
신경 곤두세워
우리의 걸음 소리는 마치 Orchestra
날카로운 선율에 몸서리치는 Crowd

무분별한 hunt 무리 지어 run
지나간 곳을 쑥대밭으로 만들고서 웃어
Wolfgang yes sir, 미션 받고서 부숴
우습게 지었던 미소를 구겨
아니면 알아서들 받들고 고개를 숙여

Plowing through the storm
yeah I know
숨막혀 잔인함의 연속
벗어나려 해도 now I know
그 누구도 피할 수 없는 competition

다 사라져 가는 게 무서워 두려워
그렇게 무리 지어 뭉쳐야 살아
세상을 지휘하는 우린 maestro
매 순간 영혼을 갈아
GRR WOLFGANG AH

숨을 죽여라 걸리적거리니까
본성을 드러내 본능을 따라
꼭꼭 숨어라 머리카락 보인다
본성을 드러내 본능을 따라

WOLFGANG WOLFGANG
WOLFGANG GRRAH WE GO WILD
WOLFGANG WOLFGANG
WOLFGANG 세상을 울리는 howling

MANIAC

작사 3RACHA l 앨범 ODDINARY l 발매일 2022.03.18

Let's go 정상인 척 다들 힘 좀 빼
짓고 있는 미소들은 쎄해
Lock이 풀리면 다 똑같지
눈은 날 못 속여 ho

본체는 풀렸네 정신을 간신히 잡지
눈 한번 깜빡이고 back
다시 세상이 정한 정상인 코스프레
준비 ppow

Mash up, mind blown
정신은 back up
Prototype 내 속은 언제나
freaky monster
유행 같은 친절함은 철이 지나 rotten
내 통수에 다 시원하게 욕해도 다 먹금

Poppin' 순진하게만 보다가 크게 다침
호의가 계속되면 권리인 줄 아네 toxic
이러니 돌지 warning

MANIAC
나사 빠진 것처럼 미쳐 MANIAC
핑핑 돌아버리겠지
MANIAC Frankenstein처럼 걸어
MANIAC MANIAC Haha

MANIAC (Oh)
나사 빠진 것처럼 웃어 MANIAC
(You can't stop the smoke)
핑핑 돌아버리겠지 (Thick as fog)
MANIAC 비정상투성이 집단
(We're MANIACS)
MANIAC MANIAC

다 터진 인형 실밥처럼
결국 본색이 드러나지
편하지 않은 이 life
It ain't "live" it's "holding on" yeah

MANIAC

정상인 척 다들 척 좀 빼
짓고 있는 미소 no fresh 해
Locket 풀면 다들 똑같지
눈은 날 못 속여 ho

내가 걷는 이 거리는 다 지뢰밭
다 언제 터질지 모르는
dormant volcano
얌전했던 바람도 언제 바뀔지 몰라
다들 숨긴 채 살아가
like a sealed tornado

Poppin' 순진하게만 보다가 크게 다침
호의가 계속되면 권리인 줄 아네 toxic
이러니 돌지 warning

MANIAC
나사 빠진 것처럼 미쳐 MANIAC
핑핑 돌아버리겠지
MANIAC Frankenstein처럼 걸어
MANIAC MANIAC Haha

MANIAC (Oh)
나사 빠진 것처럼 웃어 MANIAC
(You can't stop the smoke)
핑핑 돌아버리겠지 (Thick as fog)
MANIAC 비정상투성이 집단
(We're MANIACS)
MANIAC MANIAC

가득해 두 눈은 lunatic
모든 감각이 날 서 있지
예쁘게 포장한 대로 매번 가둬 놓으니
흘러가다 보면 결국 드러나겠지
숨겨진 내면의 그 모습이 yeah

MANIAC MANIAC (MANIAC)
MANIAC MANIAC MANIAC
You cannot stop with this feeling

MANIAC (Oh)
나사 빠진 것처럼 웃어 MANIAC
(You can't stop the smoke)
핑핑 돌아버리겠지 (Thick as fog)
MANIAC 비정상투성이 집단
(We're MANIACS)
MANIAC MANIAC

CASE 143

작사 3RACHA l 앨범 MAXIDENT l 발매일 2022.10.07

사건 발생 잊지 못할 사건
치명적인 매력에 홀라당 빠져
자꾸 나를 자극하는 넌
출처가 없는 문제야 풀어야 할 숙제야

Can I be your boyfriend?
너를 대하는 태도 거짓 하나 없어 no cap
너에게 하고 싶은 말로 가득 찼어
my case
완벽함 앞에 어떤 말로도 부족해

You got me losing patience
걷잡을 수 없는 emotion
떠올라 네 모습 I never feel alright
수많은 감정이 충돌해 왜 이래

Rolling in the deep inside my head
You got me bad 무장해제
신속하게 네게로 moving, on my way

Why do I keep getting attracted
자석 같이 끌려가
I cannot explain this reaction
이것밖에 143

Why do I keep getting attracted
네 모습만 떠올라
I cannot explain this emotion
143 I LOVE YOU

A B C D E F G I
Wanna send my code to you
8 letters is all it takes
And I'm gonna let you know oh

너 말곤 높이 쌓아뒀지 barricade
(barricade)
원하는 대로 불러도 돼 code name
(call me baby)
욕심이래도 되고 싶어
soulmate (whoo)
이 맘은 점점 더 upgrade 'cause

You got me losing patience
걷잡을 수 없는 emotion
떠올라 네 모습 I never feel alright
수많은 감정이 충돌해 왜 이래

Rolling in the deep inside my head
You got me bad 무장해제
신속하게 네게로 moving, on my way

CASE 143

Why do I keep getting attracted
자석 같이 끌려가
I cannot explain this reaction
이것밖에 143

Why do I keep getting attracted
네 모습만 떠올라
I cannot explain this emotion
143 I LOVE YOU

Heartbeat 나의 모든 상태
지금 위기 (위기)
너의 모습 ain't no "false"
나의 속맘 다시 repeat (repeat)

Walking next to you but I'm falling
더 깊게 빠져들어 끌리지
You're pulling me
deeper and deeper
I try to get out but I can't stop

Can I be the one?
Yeah I'll be the one
무모하게 도전해 오그라드는 표현
머릿속이 띵하고 무감정은 손절
Moving, I'm on my way

Why do I keep getting attracted
네 모습만 떠올라
I cannot explain this emotion
143 I LOVE YOU

Why do I keep getting attracted
자석 같이 끌려가
I cannot explain this reaction
(이것밖에)

I'm gonna let you know (know)
That I'm just gonna go (go)
And hold you
so I'm never letting go
I'm gonna let you know (know)
That I'm just gonna go (just go)
Yeah 난 너에게로 지금 출발합니다
바로 like I'm

Never letting go oh
I cannot explain this emotion
143 I LOVE YOU

특 (S-Class)

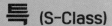

작사 3RACHA ㅣ 앨범 ★★★★ (5-STAR) ㅣ 발매일 2023.06.02

여긴 Seoul 특별시
수많은 기적을 일으켰지
가려진 별들 사이 떠오르는 특별

별난 것투성이 변함없지 번화하는 거리
거리거리마다 걸리적거리는 거
Clean it up clean it up, get back
겉만 번지르르 텅텅 빈 깡통
Kick it kick it kick it

Swerving, I'm speeding
on Serpent Road
Luxurious like I'm an S-Class
Best of the best on First Class
I'm up above the world so high
I'll be there shining day and night
They wonder how
my spotlight is so bright

Counting stars
특별의 별의 별의 별의 별의 별의
별의 별난 놈 That's me
별의 별의 별의 별의 별의
별의별 일이 my work (Bling Bling)

Everyday 빛깔 뻔쩍 빛깔 뻔쩍
빛깔 뻔쩍해 class는 특
빛깔 뻔쩍 빛깔 뻔쩍
빛이 번져 더욱 빛나는 star

힙합 스텝 큼지막이 밟지 특출난 게 특기
내 집처럼 드나들지 특집
작업실은 안 부러워 특실
득실득실거려 독보적인 특징

두리번두리번 어중떠중
띄엄띄엄 보는 애들이
뻔쩍뻔쩍 빛나는 것들만 보면
달려 버릇이 no no
빛나는 걸 쫓기보단 빛나는 쪽이
되는 게 훨씬 폼 잡기 편해
Shine like a diamond k?

Swerving, I'm speeding
on Serpent Road
Luxurious like I'm an S-Class
Best of the best on First Class
I'm up above the world so high
I'll be there shining day and night
They wonder how
my spotlight is so bright

특 (S-Class)

Counting stars
특별의 별의 별의 별의 별의 별의
별의 별난 놈 That's me
별의 별의 별의 별의 별의
별의별 일이 my work (Bling Bling)

Everyday 빛깔 뻔쩍 빛깔 뻔쩍
빛깔 뻔쩍해 class는 특
빛깔 뻔쩍 빛깔 뻔쩍
빛이 번져 더욱 빛나는 star

I feel like the brightest star
빛이 쏟아지는 밤
하늘을 바라보면 내 모습
수놓아져 있어 yeah yeah

떨어지지 않고 한 자리에서
거뜬하게 STAY해 yeah
빛날 광에 사람 인 그게 바로 우리 소개말
We're special yeah

Stray Kids 내 뒤의 팀은 특수부대
Stage 위 그 자체로 이건 특별 무대
관중들은 따로 필요 없지 축제
절제 따위 필요 없이 고삐 풀 때

Limited Edition 특이한 건 특별해져
불투명함은 분명하게 바꿔 거듭 되새겨
눈에 띄는 텐션 몰입하는 객석
우리 빛이 하나가 돼 여기 모든 곳을 밝혀

Counting stars 특
(Counting stars 특)
Feeling extra (Bling Bling)

Everyday 빛깔 뻔쩍 빛깔 뻔쩍
빛깔 뻔쩍해 class는 특
빛깔 뻔쩍 빛깔 뻔쩍
빛이 번져 더욱 빛나는 star

TOPLINE (Feat. Tiger JK)

작사 3RACHA 외 1명 ǀ 앨범 ★★★★★ (5-STAR) ǀ 발매일 2023.06.02

우린 선을 그어 TOPLINE 그 누가 감히 넘봐 TOP CLASS
더 높이 쌓여가는 KARMA

애초에 시작부터 달랐지 the one and only
행보와 업보로 뒷받침 타당하지 논리
두 마리의 토끼를 잡아 높이와 거리
선 넘지 말란 말도 필요 없지
위를 넘진 못해 밑을 고개를 숙여 지나가

우리 뒤꽁무니만 보고 따라오다 탈선
빗나가 긴박한 시간 지난날
많은 걸 챙길 필요 없어 여유 챙겨
내 가사는 new line new area 개척

Drawing, I'm moulding, I'm rolling my waves
Yeah I'm counting wins on the Grand Line
기준을 올리고 몰리는 모두가 brave
But they can't pass me I'm the Red Line

Just sing along, I'm dancing on the thin line
더 크게 더, 다 따라 부를 TOPLINE
밤새도록 gon' play, I can do this all day
'Cause we don't give a

TOPLINE (Feat. Tiger JK)

우린 선을 그어 TOPLINE 그 누가 감히 넘봐 TOP CLASS

더 높이 쌓여가는 KARMA (KARMA)

BOM DIGI DIGI BOM BOM BOM BOM

TOPLINE 위에 박자 타지 우리 SHOW

Ha hotline 뜨거뜨거 WE ABOUT TO BLOW

TOPLINE (TOPLINE) BOM DIGI DIGI BOM BOM BOM BOM

No gravity, 발 닿지 않는 땅 tympanic cavity 속

we go 눈 흐려지는 빛 꼬리는 뒤로 흐르는 시간 속에도

영원한 이 순간 never detour

두 눈 꽉 감아도 느낄 수 있다

홀린 듯 따라 부를 TOPLINE에 끄덕거린다

We skedaddle intoxicated razzle dazzle

터지는 방언들은 classic 나 다 내뱉는 대로

뒤틀린 뫼비우스 띠 비트는 time travel

Look at me now How 'bout now? You can't deny

But we're still running on this way

'cause we're never satisfied

이미 알 만한 사람 다 끄덕이지만 the reason why

아직 내 기준 못 미친 탓에 여전히 kept my speed on top

TOPLINE (Feat. Tiger JK)

Ain't nobody can do it like us, hurry
날 따라올람 멀었다 but we're not cocky
Attention 여전히 넘쳐 passion
뒤에서 이만함 됐어라고 내뱉음
대답은 얼탱이가 없어 (question)

Drawing, I'm moulding, I'm rolling my waves
Yeah I'm counting wins on the Grand Line
기준을 올리고 몰리는 모두가 brave
But they can't pass me I'm the Red Line

Just sing along, I'm dancing on the thin line
더 크게 더, 다 따라 부를 TOPLINE
밤새도록 gon' play, I can do this all day
'Cause we don't give a

우린 선을 그어 TOPLINE 그 누가 감히 넘봐 TOP CLASS
더 높이 쌓여가는 KARMA (KARMA)
BOM DIGI DIGI BOM BOM BOM BOM
TOPLINE 위에 박자 타지 우리 SHOW
Ha hotline 뜨거뜨거 WE ABOUT TO BLOW
TOPLINE (TOPLINE) BOM DIGI DIGI BOM BOM BOM BOM

발아래 천지가 보여 WE'RE THE TOPLINE
위만 보다 목이 뻐근하지 넌
x2

MEGAVERSE

작사 3RACHA ㅣ 앨범 樂-STAR ㅣ 발매일 2023.11.10

Un deux trois run along with the gods
Jumping between every verse
The multiverse ain't ready for our universe
(Jump Force)

First second third fourth wall
We're breakin' them all, unbeatable score
Our composition brings the competition
But we've already won in this MEGAVERSE

바삐 또 굴리는 발바닥 바삐 또 굴리는 혓바닥 터뜨려
Pop pop pop 어디든 섭렵해 싹 다 다
Popstar festa 안 꿇어 무르팍
무릎 팍 치고 머리 팍 치고 윽박지르던 놈들은 다 닥치고
0.1초마다 돌려보는 컷 헛것이라도 본 듯 입이 떠억

Speechless, wordless I don't need your kindness
오직 내 걸 뱉고 나서야 속 편해
우리가 나왔다 (두두) 두 귀를 열어라
큰 대야를 준비해 그릇이 작으면 넘쳐흘러 감동의 눈물

MEGAVERSE

Welcome to the Stray Kids HOT MEGAVERSE
STRAY KIDS
Welcome to the Stray Kids HOT MEGAVERSE

Mic 잡았다 큰 거 하나 온다 떠받들어라 Atlas
닥치는 대로 집어삼켜 소화해 모든 song form MEGAVERSE
결말을 뻔하게 만들어 결국 끝을 보지 Megatron
영향력은 증폭돼 속삭여도 megaphone

(Woah) 같이 모여 퍼뜨려 hooligans
몰아치게 놔둬 out of the way
헛소리는 입에 조준 철컥
We make the rules, nobody can hold me yeah

안 듣고 못 배겨 들어보고 새겨
비켜 삥 둘러 봤자 바뀐 패권 chapter
다음 거 my word, power 올라가
High 찍고 바로 random ey
올라가지 저 밑에서 발버둥 치다가 왔지 ey
Now 여기 위에서 말한 대로 내 위치는 top이지

MEGAVERSE

Speechless, wordless 입 벌린 채 눈 둘 곳 없어
You know we're getting fearless, reckless
은하계에 울려 퍼지는 우리 음악 소리
Hey 생각하는 대로 행동 우리 feel로
듣고 따라 우린 만들어 현실로
Every time we move The universe will follow

Welcome to the Stray Kids HOT MEGAVERSE
STRAY KIDS
Welcome to the Stray Kids HOT MEGAVERSE

웅장한 내 목소리 You better run
이 정도의 스케일 측정 단위 megaton
웬만해선 절대 누구에게 안 꿀려 STRAY KIDS

This our MEGAVERSE, big bang Your body shakes
'Cause we making bangers yeah yeah
(STRAY KIDS EVERYWHERE ALL AROUND THE WORLD)
This our MEGAVERSE, big bang Everything shakes
Welcome to the Stray Kids HOT MEGAVERSE

락 (樂) (LALALALA)

작사 3RACHA ┃ 앨범 樂-STAR ┃ 발매일 2023.11.10

Welcome to 극락 (락) 날벼락 (락)
도시의 락 (락) 즐기면 그만 (락)
없지 고난 (락) 역경의 밤 (락)
지새우면 끝 고생 끝에 낙 (락)

잡생각 고민 오키도키
안 해 뻘짓 도피도피
여긴 벌집 벌투성이
피할 수 없음 쏘이고 보자

고막 터뜨려 bang bang
흠뻑 젖은 머리 헤드뱅잉
졸라맸던 허리띠
더 꽉 매고 움직여 쉴 새 없게

주제넘게란 말 집어치운 채
즐김은 위아래 없는 축제
행복 지수 측정 불가 Good day
Lock lock unlock

Just feel the rhythm of the world
'Cause we will make it rock
몸부림치며 roll 냅다 던져버려
맞닥뜨려 세상의 소음

Lalalala la lalalala
Just feel the rock We let it rock
(Lalalala la lalalala)
Just feel the luck We let it rock
(Lalalala la lalalala)
노랫가락 락락락
미치도록 Lalalala
Lalalala la lalalala

Inhale 빨리 산소 호흡해
바쁘게 움직여야 해 몸
Guitar, bass, drums
또 새까맣게 칠하지 nails도
We gon' rock rock,
움직임은 don't stop stop
(go for rock)

락 (樂) (LALALALA)

Yeah we tick tock boom chiki ta
여기 mic 위에 shout
다 즐겨라 강 음악이다
걸어 lock 근심에 이 노래는 삼
머리 풀어 장르부터 즐거울 락 (oh yeah)

이것저것 빈 무대에 섞어
저기 반응 약해 빨리 변신해 stunner
Bet you've never seen a stage
like this 번쩍
떠 버리지 눈이
남은 기대들마저 털어

Just feel the rhythm of the world
'Cause we will make it rock
몸부림치며 roll 냅다 던져버려
맞닥뜨려 세상의 소음

가리지 않아 so sick
어디든 흘러나오는 대로
Move and show it
낮이고 밤이고 낙으로 살아가지 oh 쉿
피할 곳 없이 부딪혀
쾅쾅 쳐 대자고
정적과 부정적 에너지 타파

Lalalala la lalalala x2
Just feel the rock We let it rock
(Lalalala la lalalala)
Just feel the luck We let it rock
(Lalalala la lalalala)
노랫가락 락락락
미치도록 Lalalala

Rock and roll
We dancing till we fall
No stopping here we go
24/7 keep it going on

Rock and roll
We dancing till we fall
No stopping here we go x2
Here we go

Chk Chk Boom

작사 3RACHA ㅣ 앨범 ATE ㅣ 발매일 2024.07.19

Boom Boom Chk Chk Boom
정중앙 흑색의 저 점도
맞춰 내 재빠른 계획도
허점 없이 완벽한 판도
위에서 춤춰 내 plan대로 keep going

Sick of this life, it's regular
승리를 너무 과식했지 배불러
산책도 할 겸 허리띠 매 둘러
우린 우주로 나머지 전부
kneel, I'm strong

Yeah yeah yeah yeah
안 되는 것 없이 I do it
Just pull out my trigger I got that
I'mma pop pop pop
take a shot yeah
Shoot down my goals one by one,
I snipe them

Filling up my truck
yeah you want that ride (Boom)
Hit you like a truck
I'mma make you fly

Boom
Vamos, I know that you want it
Boom
Lobos, we cannot stop hunting
Boom
Ratatata I'mma make it
Boom Boom Chk Chk Boom

Boom
Vamos, I know that you want it
Boom
Chaos, we so catastrophic
Boom
Ratatata I'mma make it
Boom Boom Chk Chk Boom

클리셰 파괴 자체가 더 클리셰
나에 대한 견해 전부 유지해
바뀐 건 없어 I'm not a changed man
내 행보는 여전히
그다음 level에만 대입해

목표치에 한 발씩 한발치 더 다다랐지
I'm the owner of my goal
주인 잘 만난 복
I make it right 영점 조준 clear

Chk Chk Boom

정적을 깨 버리지
나의 trigger, fire (fire)
저 끝까지 과녁을 더 위로 올려
My amigo

Filling up my truck
yeah you want that ride
(Boom)
Hit you like a truck
I'mma make you fly

Boom
Vamos, I know that you want it
Boom
Lobos, we cannot stop hunting
Boom
Ratatata I'mma make it
Boom Boom Chk Chk Boom

Boom
Vamos, I know that you want it
Boom
Chaos, we so catastrophic
Boom
Ratatata I'mma make it
Boom Boom Chk Chk Boom

깊이 더 파고들어
My bullet goes 탕탕탕
이건 La Vida Loca
이건, good shot shot shot

깊이 더 파고들어
My bullet goes 탕탕탕
이건 La Vida Loca
Boom Boom Chk Chk Boom

Walkin On Water

작사 3RACHA l 앨범 合 (HOP) l 발매일 2024.12.13

Crashing waves but I'll never fall
Everyday, supernatural
Thrashing rain Imma bring the storm
This my stage, walkin on water

Water water walkin on Water water walk it off
Water water walkin on This my stage, my stage

I'm walkin on water You can call me Harry Potter
I just take all forms Imma fill up my bottle
내 flow 거센 물살처럼 흘러
내리막길에 접어들면 경사를 거슬러

아무나 설 수 없는 곳에 올랐지
노력을 타고났지 그게 all of me
흐름이 끊기지 않게 stomp stomp
Make it flow, make it flow, make it go far

Splash Pitter-patter, feel the water
Crash Chitter-chatter, we're just gonna
Dance Walker walker, I'm sea walkin
Imma flow, Imma flow on the water

Walkin On Water

Woah (Water water walkin on)
When you're sinking I'm fishing
That's my flow (Water water walk it off)
Imma flow, Imma flow on the water

Dive, we do ride, we don't hide
물이 사방에 튀기지 우리 움직임
따라오려다 숨이 차 우왕좌왕하는 넌 이거 쉽게 봤지?
(Listen up now fellas)

Say hello to Nemo 'cause I can't see
유유히 걷는 우리는 흡사 보이지 Basilisk
움직임에 튀기는 물이 사방에 splash
이곳은 under my control call me Aqua Man

On the waves, we just play
We're up here, no hurdles in our way
So stay, join the game
We ain't gonna fall down deep into the water

Walkin On Water

Splash Pitter-patter, feel the water
Crash Chitter-chatter, we're just gonna
Dance Walker walker, I'm sea walkin
Imma flow, Imma flow on the water

Woah (Water water walkin on)
When you're sinking I'm fishing
That's my flow (Water water walk it off)
Imma flow, Imma flow on the water

Crashing waves but I'll never fall
Everyday, supernatural
Thrashing rain Imma bring the storm
This my stage, walkin on water
x2

Water water walkin on
Water water walk it off
Water water walkin on

This my stage, walkin on water
(Water water water water water)
x2

Chapter. 3
STAY

Chapter. 3
STAY

⊛ **STAY 메시지** *#LoveSKZ*

플레이리스트를 재생하다가 'Haven'이 나오면, '같이 틀을 깨고 여기 아지트로 모여'라는 가사에서 문득 "혼자가 아니구나"라고 느껴요. 단골 앵콜 곡이기에 무르익은 분위기에서 다 같이 하나가 되는 추억이 같이 떠올라서겠지요. 방황하는 이들 모두가 이 안식처에서 머무르며 건강하고 행복했으면 좋겠습니다. 지치는 일상에서 서로의 삶이 힐링 되게 하는 Stray Kids에게, 그리고 모두에게 고마움을 느끼면서요.

- 끼뀩 @rikonkiki__

Chapter. 3 STAY
Piano Cover

Stray Kids
가사 필사집

잘 하고 있어 (Grow Up)

작사 3RACHA | 앨범 SKZ2020 | 발매일 2020.03.18 (재발매)

Woah Eyo Woah Oh Oh
Woah Eyo Woah

잠시 넘어졌지 괜찮아
잡아줄게 너 많이 걱정했니
No no no 아직 처음이잖아
그것쯤은 다 괜찮아 다 그런 거지

원래 그래 다 어른들도 우리 나이 땐
다 실수하고 연습하며 성장했었대
우린 아직 처음인 것들이 많잖아
괜찮아 우리도 겪어보며 크면 되잖아
울지마

잠시 뒤처지면 조금 쉬어가면 돼
너는 잘 하고 있어 너 잠시 힘들 때
내가 같이 뛰어줄게 걱정 접고
일어나 팔을 걷어 올려 포기 따윈 접어

넌 잘 하고 있어 oh
넌 잘 하고 있어 yeah
힘내 좀 참으면 돼
내가 곁에 있을게

넌 잘 하고 있어 oh
넌 잘 하고 있어
You gotta take your time
할 수 있잖아 너는 잘 할 수 있어

멈출까 말까 그만둘까 말까
왜 나는 안되는 걸까
이딴 잡생각은 집어치워
차라리 그 시간에 뛰어

어디가 끝인지도 모른 채 달리는 느낌
지친 몸과 마음의 연속
그러다 포기 앞에 들킴
끝은 네가 정하는 거야
네가 정한 끝은 뭐야
꿈을 향해 달려가는 너의 모습 그 자체가

잘 하고 있어 (Grow Up)

충분히 잘 하고 있어
넌 분명 잘 하고 있어
내가 아는 너의 모습
분명 최선을 다하고 있어

그거면 됐어 그렇게 계속
너만의 pace를 유지해가
불안해하지 말고
너 자신을 자신하고 의지해봐

넌 잘 하고 있어 oh
넌 잘 하고 있어 yeah
힘내 좀 참으면 돼
내가 곁에 있을게

넌 잘 하고 있어 oh
넌 잘 하고 있어
You gotta take your time
할 수 있잖아 너는 잘 할 수 있어

힘들어지고 지쳐도 포기하지 마
널 밀쳐 내지 마 넌 조금 서툰 것 뿐야
시간이 지나 또 지나 널 돌아봤을 때
너에게 말해줘 이렇게

넌 잘 하고 있어 oh
넌 잘 하고 있어 yeah
힘내 좀 참으면 돼
내가 곁에 있을게

넌 잘 하고 있어 oh
넌 잘 하고 있어
You gotta take your time
할 수 있잖아 너는 잘 할 수 있어

끝나지 않을 이야기 (Neverending Story)

작사 창빈 외 2명 | 앨범 어쩌다 발견한 하루 OST Part.7 | 발매일 2019.11.07

기억해 우리 처음 만난 날
수줍던 미소와 쏟아지던 햇살을
눈빛만 보아도 나는 알 수 있었어
우리는 하난 걸 우리는 하난 걸
네가 나란 걸

네가 웃을 때나 힘들 때나
항상 지켜줄게 너를 위해
시간마저 거슬러서
네 앞에 나타날게

I believe I believe
세상이 바뀌어도
변치 않아 약속해 줄래

이 아름다운 곳에서
널 사랑했던 모든 기억은
끝나지 않을 이야기가 되어 빛날 거야

Never say goodbye
너와 난 하나니까
같은 꿈 속을 함께 거닐 테니까
지금 이대로 넌 내 곁에서
웃어주기로 해요
내일 보다 멀리 영원보다 오래
사랑해 널

걱정에 잠 못 들던 새벽엔
너를 보며 저 하늘에 다짐했지
저기 너무나 머나먼 나의 꿈까지
두 손 놓지 않기로 해

잠시 길을 잃어 혹시 외로워져도
작은 숨결 나의 목소릴 들어줘
날 부르면 어디라도 널 찾아갈 테니까

난 울지 않기로 했어
폭풍 같은 하루에서
더 따뜻하게 너를 안으며
지켜주기로 했어

끝나지 않을 이야기 (Neverending Story)

네가 내게 준 사랑이 남아
난 그나마 살아갈 힘이 생겨
You don't cry 안녕은
다시 만날 때만 Never cry

우리가 만든 얘긴 이렇게 남아서
끝없는 날을 아름답게 만들 거야
찬란한 꿈을 꾸며 살고파 언제나
네 안에서 영원토록

Never say goodbye
너와 난 하나니까
같은 꿈 속을 함께 거닐 테니까
지금 이대로 넌 내 곁에서
웃어주기로 해요
내일 보다 멀리 영원보다 오래
사랑해 널

사랑해 란 말 조금은
뻔할지 모르는 말이지만
절대 아낄 수 없어
세상 무엇보다 너를 아끼니까

너만의 내일 너만의 내일
너만을 위한 내일을 기다리며
하루 종일 끝나지 않을
이야기를 만들어 결말은 제목처럼

지금 이대로 넌 내 곁에서
웃어주기로 해요
내일 보다 멀리 영원보다 오래 My love

Never say goodbye
너와 난 하나니까
같은 꿈 속을 함께 거닐 테니까
지금 이대로 넌 내 곁에서
웃어주기로 해요
내일 보다 멀리 영원보다 오래
사랑해 널

Haven

작사 방찬 | 앨범 GO生 | 발매일 2020.06.17

Do whatever you want
같이 틀을 깨고
여기 아지트로 모여 right now
STEP OUT do what you want
일단 다 해버려
추억으로 남겨 now or never

쌓이고 쌓일수록 넌 점점 더 지쳐가
탈출하고 싶고 다 때려칠까
계속 버티고 있는 넌
Unlock 하러 가 all right yeah

아직 너 자신을 몰라도
이곳에선 넌 자신을 놓을 수 있어
나침반이 가리킨 장소
Feeling so alive 모든 걸 휘날려

오늘은 어디 가지 마요
You gotta STAY with me
서로의 눈을 마주치며
맘 편하게 just sing

뭘해도 난 괜찮아
'Cause we are wild and free

Do whatever you want
같이 틀을 깨고
여기 아지트로 모여 right now
STEP OUT do what you want
일단 다 해버려
추억으로 남겨 now or never

Woah oh oh 몸이 가는 대로
Woah oh oh I wanna STAY with you
Woah oh oh 맘이 가는 대로
추억으로 남겨 now or never
It's now or never

Haven

환한 별들을 바라보며 난 노래 불러
환호 소리에 맞춰서 맘껏 춤을 추며
사람들은 내가 미쳤다고
말해봤자 I feel more comfortable

꽉 묶어 버린 내 팔과 다리
이제는 소용없어
꽉 묶인 채로 산처럼 쌓인
내 짐을 끌어당겨

내가 하고 싶은 대로
남이 시킨 대로 말고
어디든 I'll fly away so

뭘해도 난 괜찮아
'Cause we are wild and free

Do whatever you want
같이 틀을 깨고
여기 아지트로 모여 right now
STEP OUT do what you want
일단 다 해버려
추억으로 남겨 now or never

Do whatever you want
같이 틀을 깨고
여기 아지트로 모여 right now
STEP OUT do what you want
일단 다 해버려
추억으로 남겨 It's now or never

Woah oh oh 몸이 가는 대로
Woah oh oh I wanna STAY with you
Woah oh oh 맘이 가는 대로
추억으로 남겨 now or never

Silent Cry

작사 3RACHA ㅣ 앨범 NOEASY ㅣ 발매일 2021.08.23

넌 그저 그렇게 아무렇지 않게
웃고 있는데 들리는 네 말에
You always say "I'm okay"
하지만 다 보여
너의 마음속 외로이 흐느끼는 너

조용한 방 불을 끄고 나면
환하게 웃고 있던 넌 점점 시들어가
아무도 없는 빈 공간
가끔 긴 한숨만 들리는 밤
너의 마음속 외로이 흐느끼는 너

현실에 메마른 눈 ey
네 마음속의 오아시스 따위는
보이지 않아
여전히 헤매는 You
내가 한 발 가까이 다가가 ooh

말없이 외치는 너의 목소리를
내가 들어 줄게
맘속 한 켠에서 길을 잃어
더는 지치지 않게

서툴게 닫아 둔 너라는 그 공간
문틈 사이로
내게만 들리는 Silent Cry
그동안 숨겨둔 Silent Cry

조용히 감춰둔 너의 눈물을
이젠 보여도 돼
내게 woah woah woah

익숙해진 혼잣말
이제는 내게도 들려줄래
너만 아파하지 마
내게 줘 네 Silent Cry woah

같이 울어 줄게
그만 참고 Let it go go go
힘 빠지면 잡아 줄게
기대기만 해 Cause I won't let you go

참기만 하는 것도 쉽지 않은 것 같아
혼자서 노력해도 안 될 때도 많은데
넌 웃고 싶지 않은데도 웃고 있어 왜
"괜찮아"라는 말은 내가 대신 해줄게

Silent Cry

말없이 외치는 너의 목소리를
내가 들어 줄게
맘속 한 켠에서 길을 잃어
더는 지치지 않게

서툴게 닫아 둔 너라는 그 공간
문틈 사이로
내게만 들리는 Silent Cry
그동안 숨겨둔 Silent Cry

조용히 감춰둔 너의 눈물을
이젠 보여도 돼
내게 woah woah woah

익숙해진 혼잣말
이제는 내게도 들려줄래
너만 아파하지 마 (아파하지 마)

너의 맘속에 비가 내릴 때
내가 같이 맞아 줄게
버티고만 있지 마 내가 우산을 펼게

벅차오르는 눈물을 막기에는 벅차 보여
빗물이 고여 빗물이 고여 모든 일이 꼬여
밝은 너의 뒤에 어두운 그림자
내게 들켜도 돼 숨기지 마

Silent Cry x2
내게만 들리는 Silent Cry
그동안 숨겨둔 Silent Cry

조용히 감춰둔 너의 눈물을
이젠 보여도 돼
내게 woah woah woah

익숙해진 혼잣말
이제는 내게도 들려줄래
너만 아파하지 마
내게 줘 네 Silent Cry woah

Star Lost

작사 3RACHA 외 2명 l 앨범 NOEASY l 발매일 2021.08.23

어두워져 가는 day by day
욕심조차 잃어버린 나에게
혼자 남겨진 듯한
마음이 날 집어삼킨다

아무 일도 없었던 것처럼
덤덤하게 살아 봐도
난 두려워져 가
홀로 남겨져 버릴까

They say,
"You better be alone, it hurts"
네가 없는 이곳에선
허공에 날리는 질문
더럽게 허전한 기분

언젠간 이 공허함이 채워지길 바래
어딘지만 말해 금방 갈게
생각보다 멀지 않을 거야

밤하늘 속에 너를 상상을 해
넌 어디선가 날 위로해
Don't matter 당장 모든 걸 잃어도
네 생각을 하며 버텨
어디라도 갈게

오늘도
Trippin' I'm trippin' I'm trippin'
너란 빛을 찾아
거울 속에 비친 난 마치
길을 잃은 것처럼 stuck in the dark
깊은 안개 속에 헤맨다
I'm Star Lost

꿈속에서도 네가 그리워
자꾸 난 널 찾게 돼
길을 헤매다가 다시 찾아와
또 같은 자리에
왔다 갔다 reset
눈을 뜨면 play back
어지러워 crazy
두려워도 keep playing

Star Lost

꽉 잡아 흔들리는 내 맘
멈출 수가 없어 can't stop
네 생각에 자꾸 멍때리지
지구 한 바퀴를 뺑뺑이

네가 어디에 있든 찾아낼 거란 믿음
뒤돌아보지 않을 거야

밤하늘 속에 너를 상상을 해
넌 어디선가 날 위로해
Don't matter 당장 모든 걸 잃어도
네 생각을 하며 버텨
어디라도 갈게

오늘도
Trippin' I'm trippin' I'm trippin'
너란 빛을 찾아
거울 속에 비친 난 마치
길을 잃은 것처럼 stuck in the dark
깊은 안개 속에 헤맨다
I'm Star Lost

Oh oh oh oh (oh eh oh eh) x2
내 모든 감각 정해진 방향
널 따라가 all out
Cause trust me
I'll be with you Star Lost

오늘도
Trippin' I'm trippin' I'm trippin'
너란 빛을 찾아
거울 속에 비친 난 마치
길을 잃은 것처럼 stuck in the dark
깊은 안개 속에 헤맨다

You got me feeling Star Lost,
Star Lost (hoo hoo)
Yeah I'll be Star Lost,
Star Lost (hoo hoo)
Feeling Star Lost,
Star Lost (hoo hoo)
Yeah I'll be Star Lost, Star Lost
x2
I'm Star Lost

Placebo

작사 방찬, 리노, 창빈, 현진, 한, 필릭스, 승민, 아이엔 | 앨범 SKZ2021 | 발매일 2021.12.23

올라갈 수 있을까 x2

내가 가는 길이
맞다 틀리다 판단하기보단
내가 원하고 즐길 수 있는 길을 걸어가
험난한 이 길 위에 내게 주어진 약은
나 자신뿐인 걸 알기에 날 믿고 의지해

착각 속에 있는 건지
아냐 그냥 환상 속에 빠진 것만 같아
꿈속에서 꾸던 사람들을 만나
Time to go 이제 항해를 시작하려 해

Placebo 효과
사실 아무 효능 없는 말 하나에 속아
자신 없는 동안 꾸준히 또 속아
주는 척 들이켜 그럼 찾아와
영감이 말이야

내가 보는 대로 또 보고 싶은 대로
그냥 하는 대로 그냥 다 하고 싶은 대로
부정적인 필터를 벗겨 내서
성취감으로 바꿔
믿음은 없던 것도 생기게 하더라고
Trust myself

'Cause later when I
become addicted to life
아플 때 먹었던 약은 사실 효과 없지만

날 위로해 난 날아가
저 위로 해를 향해서 Yeah
It's all up in my mind

날 속여줘 This time x2
날 속여줘

Laying down restless
regretting life choices
An anchor dragging me down like
I always feel hopeless
But again I'm not the kind to
fall in Devil's hands
Gotta drop my rusty chains
this is where I stand

Placebo

This is my life my time
won't stop thank God
I'm back alive
resurrected with the right mind
believing myself all times
we gonna make it
Proud of ourselves
we will never break into many ah

상처마저 낫게 해줄 긍정적인
믿음 계속 가 내게 작용하는 Placebo
솔직히 말해 부정적일 필요 없지
나 자신을 믿어 잡생각 따윈 버리고

Placebo 걸어 시동 꿈을 시도
한 계단 한 계단씩 올라가
미동 없는 꿈을 향한 믿음
남들 다 부러워하는 내 작업물의 양은
할 수 있단 기대와 믿음이 있었기에 가능

'Cause later when I
become addicted to life
아플 때 먹었던 약은 사실 효과 없지만

날 위로해 난 날아가
저 위로 해를 향해서 Yeah
It's all up in my mind
날 속여줘 This time x3

'Cause later when I
become addicted to life
아플 때 먹었던 약은 사실 효과 없지만

날 위로해 난 날아가
저 위로 해를 향해서 Yeah
It's all up in my mind

날 속여줘 This time
It's all up in my mind
x2
날 속여줘 This time

올라갈 수 있어 난 x2

Time Out

작사 3RACHA l 앨범 Mixtape : Time Out l 발매일 2022.08.01

Oh Yeah Oh woah yeah
1 2 3 Let's Go!

Breathe 깨끗한 공기를 마셔
I can feel it in my heart
내뱉은 한숨의 배로 들이켜
움츠린 몸 일으켜 세워

지난 일은 지나간 대로
후회는 과거에 묻어둔 채로
앞만 보고서 달려 Oh oh oh oh

뻥 뚫린 해안도로 위를 달리는 거야
텅 비워놓자 머릿속의 잡것들을
다 bomb hey
Nobody can touch me
오늘 밤은 밤새도 피곤할 리 없지

So come on
Let's go 떠나 다 미루고
어디든 가자 여기서 멀리로
run to (run to) Run to (run to)
푸르게 펼쳐진 어딘가로 oh oh

So come on
Pack up 필요한 건 텅 빈 머리
살랑이는 바람 따라가자
we run to (run to) Run to (run to)
복잡히 꼬여버린 생각은 버리고 go
Time Out

(1 2 3 4)
안 내면 술래 비기면 또 해
손 들어 가위바위보
도로 위 톨게이트 지나서
휴게소 가 맘껏 사 들고

Time Out

풀장이든 바다와 바람과 파란 sky
팔랑거려 내 맘 알아
날씨도 풀렸다 하늘 좀 봐라
자잘한 고민은 다 날리고 가자

Go, let the stress fly away
Don't worry 'bout tomorrow
So we'll just have some fun
right now
지평선에 석양 배경 삼아 잡아 pose

뻥 뚫린 해안도로 위를 달리는 거야
텅 비워놓자 머릿속의 잡것들을
다 bomb hey
Nobody can touch me
오늘 밤은 밤새도 피곤할 리 없지

Oh oh oh oh
망설일 필요 없어
Oh oh oh oh
'Cause this is our time
Oh oh oh oh oh oh
모든 짐은 내려두고서 here we go

So come on
Let's go 떠나 다 미루고
어디든 가자 여기서 멀리로
run to (run to) Run to (run to)
푸르게 펼쳐진 어딘가로 oh oh

So come on
Pack up 필요한 건 텅 빈 머리
살랑이는 바람 따라가자
we run to (run to) Run to (run to)
복잡히 꼬여버린 생각은 버리고 go
Time Out

#LoveSTAY

작사 현진, 필릭스, 아이엔 I 앨범 SKZ-REPLAY I 발매일 2022.12.21

봄날 같던 어느 여름날

처음 너의 이름 가슴에 새긴다

널 사랑한 수를 세 보니

저 하늘에 수많은 별처럼

숨길 수 없을 만큼

그 조각들을 하나하나 다

내 마음 깊이 담아내서 난

버틸 수 있어 널 꺼내 보면 되니까

I will never make you lonely

You'll always be beside me

받은 이 행복 소중히 담을게

I will never make you lonely

나 너와 함께 발맞춰 걸을게

'Cause I

#LoveSTAY hey hey x3 #LoveSTAY

#LoveSTAY

유난히 가을 같던 어느 겨울날
분홍빛 벚꽃잎을 선물하려 해
살랑이는, 설렘 가득한
미소 짓게 하는 바람 불어와
시린 날 안아준 너

낮보다 길고 긴 밤들에 난
때론 어둠에 쌓이곤 했지만
있으니까 너가 날 사랑하는 너니까
(날 사랑하는 너니까)

언젠간 힘들고 지쳐 울기도
넘어지고 또 아프겠지만
상관없어 다시 너를 보며 버틸 수 있어
널 사랑하는 나니까

I will never make you lonely
You'll always be beside me
받은 이 행복 소중히 담을게
I will never make you lonely
나 너와 함께 발맞춰 걸을게

'Cause I
#LoveSTAY hey hey x3 #LoveSTAY
#LoveSTAY hey hey x3 #LoveSTAY
#LoveSTAY hey x2 #LoveSTAY x2

Youtiful

작사 방찬 | 앨범 ★ ★ ★ ★ ★ (5-STAR) | 발매일 2023.06.02

Looking at yourself

A lot goes in your mind

"I don't know if I'm ready to show myself"

You worry day and night

Look at the stars fall

They leave the sky, goodbye

Must be an oracle, like a waterfall

They shower you with love tonight

'Cause you are You're perfect in my eyes

You are Don't ever doubt yourself

I know that feeling too,

I've been inside the dark

I've never been so empty, hopeless

But no, it isn't true

'Cause know that all the stars are by your side

You know, whenever there's a chance

I will tell you that you're amazing as you are

'Cause when you give me a glance

I am sure that I see the universe in your eyes

Youtiful

Don't you ever tell yourself that you're not enough
I am certain that you're truly fine
You are a miracle, miracle
You are Youtiful

Let me tell a little story
About the star that couldn't shine or blink
Out of a million, billion
Felt like an alien, alien

Then that little star was surely
Going to become the biggest thing
Making a fantasy, family
Beautiful galaxy, galaxy

'Cause you are More than beautiful, one of a kind
You are Just know I'm always by your side

You know, whenever there's a chance
I will tell you that you're amazing as you are
'Cause when you give me a glance
I am sure that I see the universe in your eyes

Youtiful

Don't you ever tell yourself that you're not enough
I am certain that you're truly fine
You are a miracle, miracle
You are Youtiful

Another day ahead
Don't wanna leave the bed
You're looking at the mirror
See the tears covered in red
I know that you've been cold this whole time
But now I'm here to make it end

You know, whenever there's a chance
I will tell you that you're amazing as you are
(Amazing as you are)
'Cause when you give me a glance
I am sure that I see the universe in your eyes
(Universe in your eyes)

Don't you ever tell yourself that you're not enough
I am certain that you're truly fine
(Certain that you're truly fine)
You are a miracle, miracle
You are Youtiful

Leave

작사 방찬, 창빈 | 앨범 樂-STAR | 발매일 2023.11.10

Oh baby please don't hurt me
날 울리지 마
널 사랑했던 마음을 아직
못 지웠지만

Oh baby please stop for me
더는 울지 마
너를 위한 날 위한 결말
Yeah we're done

이런 미련은 여운으로 끝내야
아픔 이전의 슬픔 그 전의 감동
너 없는 삶 자신 없어 이게 속내야
드러내지 못해 더 차갑게 뱉은 말투

이해라는 노력으로 맞춰 온 퍼즐
사랑으로 포장하긴 너무 다른 것들
날카로운 조각에 베어서야
알지 우린 아냐 나는 나고 너는 너야

꽃피우다 만 네가 다음 계절을 만나
더 따뜻한 온기를 안고서
지지 않는 꽃을 피우길 바라

허전한 이 마음을 벌써 들켰나 봐
내가 앉은 벤치 그 옆에
낙엽 하나가 내려와 앉아

I'm afraid, I'm in pain, I'm okay
허전한 마음이 벌써 들켰나 봐
이 벤치에 앉아
A lonely leaf sits right next to me

Oh baby please don't hurt me
날 울리지 마
널 사랑했던 마음을 아직
못 지웠지만

Oh baby please stop for me
더는 울지 마
너를 위한 날 위한 결말
Yeah we're done

Leave

달과 또 아침 인사
세상은 멈췄지만 계속 돌아가는 시간
밤새 시들어 가는 내가 싫다
아무 생각 없이 너를 찾는 내가 싫다

서로를 위해서라고
내뱉은 내 말에 책임져야 한다고
I'm sorry
불로 지진 둘의 상처

떨어지는 별빛 사이에 나 홀로 걸어
떨어지기 직전까지 눈물을 다 가둬
떨어지는 내 심장을 겨우 붙잡아
다 찢어진 마음을 붙여봤자

I'm afraid, I'm in pain, I'm okay
허전한 마음이 벌써 들켰나 봐
이 벤치에 앉아
A lonely leaf sits right next to me

La la la la la la la la la x3
I'm missing you

Oh baby please don't hurt me
날 울리지 마
널 사랑했던 마음을 아직
못 지웠지만

Oh baby please stop for me
더는 울지 마
너를 위한 날 위한 결말
Yeah we're done

La la la la la la la la la x3
I'm missing you

Stray Kids

작사 3RACHA ǀ 앨범 ATE ǀ 발매일 2024.07.19

We're gonna go our way
To places still unknown
We're gonna show the way
We made it on our own

We do what we wanna do
The message through our music
It ain't even done, it's true
Yeah our rhythm never stops

어린 나의 분화구에 터져 나왔던 갈등
눈이 감길 때쯤 무너져 내렸던 노력들
Every part of me
해내야만 했던 그날들의
힘듦 속에서 버텼네
이젠 자랑스러운 그 이름 'cause

Stray Kids still gonna rock
On the Hellevator
yeah we head to the top
(Stray Kids)

Stray Kids run 'til we're done
Do whatever we want
yeah we don't give a what
(Stray Kids)

Know that this is who we are
There ain't no last STEP OUT
oh we'll never stop

Stray Kids still gonna rock
On the Hellevator
yeah we head to the top
Go on and on

Woah Woah x2

돈과 명예 중 뭘 더 원해
솔직히 더 많은 걸 바라고 달렸지
욕심 끝에 남은 건 my team

그 무엇과도 바꿀 수 없는 가치
another me
어두운 터널을 걸으며 그렸지
우리의 청사진

청춘을 팔았다 생각 안 해
살 수 없는 꿈에 산 거지
We still stray,
we always stay on the Lonely St.

Stray Kids

걸어온 이 길을 We don't leave
영원은 없대도 I believe
The time we spent
will be remembered forever ever

Oh I won't let me fall down
So proud of myself, never doubt
Who we are
언제까지나 믿어 날

Stray Kids still gonna rock
On the Hellevator
yeah we head to the top
(Stray Kids)

Stray Kids run 'til we're done
Do whatever we want
yeah we don't give a what
(Stray Kids)

Know that this is who we are
There ain't no last STEP OUT
oh we'll never stop

Stray Kids still gonna rock
On the Hellevator
yeah we head to the top
Go on and on

Woah Woah x2

Stray Kids still gonna rock
On the Hellevator
yeah we head to the top
(Stray Kids)

Stray Kids run 'til we're done
Do whatever we want
yeah we don't give a what
(Stray Kids)

Know that this is who we are
There ain't no last STEP OUT
oh we'll never stop

Stray Kids still gonna rock
On the Hellevator
yeah we head to the top
Go on and on

Chapter 4
WAY

Chapter. 4
WAY

Stray Kids
가사 필사집

Hellevator

작사 3RACHA 외 1명 | 앨범 SKZ2020 | 발매일 2020.03.18 (재발매)

내 삶은 밑바닥 낭떠러지
어두운 터널 속을 걷고 있어
내게 잔인하고 두려운 하루를
홀로 버티고 있어

멀어져 가는 교실복도
낯선 길 위에 지지리도 복도 없지
내가 맞는 길을 가는가에
답 할 지도도 하나 없이
위로 가는 길은 절대 다신
뒤로 가기 싫은 막막한 미로야
피눈물 대신 피땀 흘리며
나를 위로해

사람들은 내게 말해
그 정도의 고비는 지나가는 소나기라고
성공을 낚으려면 두려워도
실패라는 덫을 깔라고
그래 나는 고통이란 미끼를 덥석 문채
방황하는 거야
지친 열정의 날개를 잠시 접어둔 채

내 삶은 밑바닥 낭떠러지
어두운 터널 속을 걷고 있어
내게 잔인하고 두려운 하루를
홀로 버티고 있어

손을 내밀어도
날 잡아줄 사람은 아무도 없어
내 아픔 내 눈물을 타고
위로 빠져나가고 있어

I'm on a Hellevator
My Hellevator
x2
I'm on a Hellevator

아무것도 없어, 날 위한 손길은
걱정 하나 없이 차가운 말들뿐
엉터리 꿈은 좀 접어
포기란 말들이
내 귀를 때려가며 절망감만 커져가
희망이란 하늘을
주변 사람의 손으로 가린다

Hellevator

날 살려 기도하며 버티고 있어,
날 째려보는 따가운 시선들에
실성하지 하네 마네
잘 되어 봤자 누군가의
광대로 밖에 안 남을 넌,
가수라는 직업은 집어 쳐
그 말을 들으며 약해져만 가는
내 자신을 밀쳐 더

내 삶은 밑바닥 낭떠러지
어두운 터널 속을 걷고 있어
내게 잔인하고 두려운 하루를
홀로 버티고 있어

손을 내밀어도
날 잡아줄 사람은 아무도 없어
내 아픔 내 눈물을 타고
위로 빠져나가고 있어

I'm on a Hellevator
My Hellevator
x2
I'm on a Hellevator

찾아내 출구는 어디에
어둠 속에 갇혀있던 나를 끌어내
좀 더 발악해 이곳을 run away
I'm on the hellevator
난 올라갈게

어두웠던 내 과거 탈출해
내 깜깜했던 앞길을 비춰
미쳐버릴 듯 지겨운 시간,
잊혀져 버릴 듯 이 길을 뛰어
외면하던 새로운 시작의 종소리가 울리며
나는 올라탔지 내 손을 잡고
펜트하우스로 데려다줄 My Hellevator

I'm on a Hellevator
My Hellevator
I'm on a Hellevator

어린 날개 (Spread My Wings)

작사 3RACHA | **앨범** SKZ2020 | **발매일** 2020.03.18 (재발매)

어리게 보이기 싫어서
괜히 짓궂은 옷만 계속 바꿔 입고
어른스럽고만 싶어서
괜히 안보던 뉴스를 다 보고

운동화에서
더 좋은 구두로 눈길을 돌려
마냥 길었던 하루가
요새는 뭔가 짧게 느껴져

학교 쉬는 시간 종이 치자마자
매점으로 달려갔던
내 발걸음은 점점
초조해지고 떨리고 있어

내가 민증을 받게 되면
기쁜 마음을 감추기 바쁠듯해
그 동안 못해 어린 티를 못 내는 척
삐뚤어진 듯 반듯해

시간이 있어도
바쁜 척 허세만 늘어가고
스무 살이라는 나이는
바로 내 문턱 앞에 있어

내 나이대로 살래
naturally ey ey
어린 날개로 날래
spread my wings ey ey

어른인 척 할 때가 좋은듯해
안 변할래
철부지 같다는 말 듣는데도

뭐든 서툴지만 처음이란 단어가 좋아
어리숙하지만 이대로만

아직 어린 난
지금은 어려워 어른이 된단 말
올까 봐 두려워 어른이 되는 날

문방구의 단골 손님
이젠 발길은 가로수길
더 좋은 것에 눈 돌리는 거에
그치지 않고 눈독을 들여

이렇듯 어른인 척 다 큰 척
다른 의미의 척척박사가 되었지만
막상 눈앞에 다가오니 표정이 벙쪄

어린 날개 (Spread My Wings)

새 학기 시작 전에 책 다 챙겼을 때
것도 무겁다며 반 앞 소화전에다
내려 놨었는데

어른이 된 후 짊어져야 하는 건
몇 배 더 무거운 책임
준비 안 된 난 걱정이 백임

내 나이대로 살래
naturally ey ey
어린 날개로 날래
spread my wings ey ey

어른인 척 할 때가 좋은듯해
안 변할래
철부지 같다는 말 듣는데도

뭐든 서툴지만 처음이란 단어가 좋아
어리숙하지만 이대로만

아직 어린 난
지금은 어려워 어른이 된단 말
올까 봐 두려워 어른이 되는 날

어리게 보이기 싫어서
괜히 옷만 계속 바꿔 입고
어른스럽고만 싶어서
안보던 뉴스를 다 보고
이젠 안 해

내 나이대로 살래
naturally ey ey
어린 날개로 날래
spread my wings ey ey

어른인 척 할 때가 좋은듯해
안 변할래
철부지 같다는 말 듣는데도

뭐든 서툴지만 처음이란 단어가 좋아
어리숙하지만 이대로만

아직 어린 난
지금은 어려워 어른이 된단 말
올까 봐 두려워 어른이 되는 날

I am YOU

작사 3RACHA | 앨범 SKZ2020 | 발매일 2020.03.18 (재발매)

내 빈자리를 채워줬던 너
그 빈자릴 채울 수 있던 너
그저 내 곁에 있어 준 것만으로도
내겐 힘이 돼

고맙단 말밖에 못 하던 내가
널 향해 손을 내민다
그 손을 잡은 너와 함께
전보다 더 큰 꿈을 외친다

내가 널 위할 수만 있다면
뭐든 할 수가 있더라고
네가 더 빛날 수만 있다면
내가 어둠이 되더라도

너의 곁에 내가 있어 줄게
나와 같은 곳에 있어 줄래
창밖은 너무 추워 나 혼자 남아있기엔
여긴 네가 있어 따듯해 지나 봐

I am YOU, I see me in you
너와 있을 때 난 알 수 있어
같은 공간 속에서, 같은 시간 속에선
뭐든 이겨 낼 수 있어

I found YOU, I found me in you
그 안에서 나의 모습이 보여
같은 공간 속에서, 같은 시간 속에서
Let me run, let me run,
let me run along with YOU

나도 잘 몰랐던 내 자신을 비춰줬어
나도 날 몰라서 혼자 헤매었어
근데 어느 순간부터 유리창 너머로 보여
나와 같은 시간 같은 하루를 보내곤 해서

이제 나의 질문과 너의 대답이
퍼즐처럼 잘 맞거나
나의 고민들과 너의 고민들의
교집합 점을 다 찾아가

I am YOU

우린 환상의 케미 Every moment
모두 완벽해서 그래
함께라면 너를 통해 나를 보고
너도 나를 통해 너를 보는 멋진 장면

너의 곁에 내가 있어 줄게
나와 같은 곳에 있어 줄래
창밖은 너무 추워 나 혼자 남아있기엔
여긴 네가 있어 따듯해 지나 봐

I am YOU, I see me in you
너와 있을 때 난 알 수 있어
같은 공간 속에서, 같은 시간 속에선
뭐든 이겨 낼 수 있어

I found YOU, I found me in you
그 안에서 나의 모습이 보여
같은 공간 속에서, 같은 시간 속에서
Let me run, let me run,
let me run along with YOU

Yeah 내 곁에 있어 줘
Yeah I need you right
by my side now

내 편이 돼줄래 발맞추면서 달리자고
We're going side by side
난 너랑 같이 가고 싶어 약속해줘
I see myself in you

Stay together
You and I, x3
난 너의 곁에 always
너와 같은 곳을 향해가
너와 나, x3
그 누구와 너를, 비교할 순 없어

Stay together
You and I, x3
난 너의 곁에 always
너와 같은 곳을 향해가
너와 나, x3
그 누구도 너를 대신할 순 없어
I am YOU

0325

작사 3RACHA | 앨범 SKZ2021 | 발매일 2021.12.23 (재발매)

하나둘씩 늘어가는 꿈에 벅차 no play
시작선의 신호탄을 쏘아 올려 높게
자신감을 앞으로 밀어붙여 밖으로
발을 내딛고 떨림과 설렘 동시에 느껴 what

쉬지 않고 달려 연습실에 추억

힘들었던 순간들 no more 홀로 선 시간들 no more
너와의 시작은 더 이상 날 울리지 않아
희미하게 빛나던 빛이 선명해져 가네

You know we go up up yeah we don't stop
나의 꿈이 내 손끝에 닿을 때까지
You know we go up up till we touch the sky
내게 보이지 않아도 저 끝까지 가

This is our start line Our start line
Our start line 0325 너와의 시작이야

태어나 태어나 나 난 그때 다시 태어나
아무것도 없던 흙에 아름다운 꽃이 피어나
이런 내 곁에 stay 해준 넌 날 더 특별하게 해
같은 꿈으로 시작 더 큰 꿈을 향하게 돼

0325

힘들었던 순간들 no more 홀로 선 시간들 no more
멀어진다 멀어진다
길었던 혼란의 끝에 그 어둠이 멀어진다
희미하게 빛나던 빛이 선명해져 가네

You know we go up up yeah we don't stop
나의 꿈이 내 손끝에 닿을 때까지
You know we go up up till we touch the sky
내게 보이지 않아도 저 끝까지 가

Can you stay right with me with me
'Cause we gon' do it together 너와
So can you STAY right with me with me
'Cause we gon' do it together 너와

You know we go up up yeah we don't stop
나의 꿈이 내 손끝에 닿을 때까지
쉬지 않고 달렸던 난 나를 기억해
끝까지 달려 내 꿈이 보일 때까지

You know we go up up till we touch the sky
내게 보이지 않아도 저 끝까지 가
잠시 넘어져 조금씩 흔들린대도 절대로 포기는 말아

This is our start line Our start line
Our start line 0325 우리의 시작이야

Chronosaurus

작사 3RACHA | 앨범 SKZ2020 | 발매일 2020.03.18 (재발매)

쉬지 않고 달려왔는데 왜 아직 주변은 어둡기만 해 왜
시간이 해결해 줄 거라는 말 내겐 그저 두려움뿐인 말

시간이 해결할 수 없어 기다리다간 결국 붙잡혀
뭐든 해야 해 난 다른 수 없어
이곳의 시간은 금일까 금수일까
술래잡기 속 잡히는 건 나일까 꿈일까

Day and night 매일 난 겁이 나 붙잡힐 것 같은데

박차고 달려가 숨이 차도 끊임없이 달려
시간은 왜 내게 빨리 달려오는데
박차고 달려가 넘어져도 어김없이 달려
날 볼 수도 없게 앞으로 달리면 돼

Woah woah woah yeah yeah
틱탁틱탁 Gettin' closer
Woah woah woah yeah yeah
째깍째깍 빨리 달려

Watch out, watch out 눈을 떠야 해
Countdown, countdown 이젠 어떡해
모래시계 속에 난 갇혀있는 듯해

Chronosaurus

Watch out, watch out 눈을 떠야 해
Countdown, countdown 이젠 어떡해
멈추면 바로 끝인데

박차고 달려가 숨이 차도 끊임없이 달려
시간은 왜 내게 빨리 달려오는데
박차고 달려가 넘어져도 어김없이 달려
날 볼 수도 없게 앞으로 달리면 돼

Ooh like a tunnel with no light
Yeah ooh 끝이 없어 두려워
x2

Day and night 매일 난 겁이 나 붙잡힐 것 같은데

박차고 달려가 숨이 차도 끊임없이 달려
시간은 왜 내게 빨리 달려오는데
박차고 달려가 넘어져도 어김없이 달려
날 볼 수도 없게 앞으로 달리면 돼

Woah woah woah yeah yeah
틱탁틱탁 Gettin' closer
Woah woah woah yeah yeah
째깍째깍 빨리 달려

바람 (Levanter)

작사 3RACHA 외 2명 | 앨범 SKZ2020 | 발매일 2020.03.18 (재발매)

쫓다 보면 닿을 것만 같았어

의심 따윈 해본 적도 없었어

상상한 널 안았지만

두 손 꽉 널 잡았지만

품속엔 공허함만 남은 채

헤매이다 결국 깨닫게 됐어

널 놓아야만 한다는 걸

(Oh) 스스로 속여가며 (Oh) 버텨낸 꿈을 깬 순간

(Oh) 쏟아져 내리는 빛이 느껴져

I wanna be myself (I don't care)

아직 낯설다 해도 (Just don't care)

널 벗어난 순간 내가 보여

모든 게 다, 눈앞이 다

이제는 알겠어 (Now I know)

내게 필요했던 건 나란 걸

내 두 발이 가는 대로 걸어가

I feel the light, I feel the light

한결같이 너를 향해 달려가다 깨달은 건

내 모든 건 널 향해 있었어

너에게 가까이 갈수록 점점 더 날 잃어갔어

바람 (Levanter)

저기 나무 밑에 떨어진 낙엽처럼
결국 눈 속에 묻혀 짓밟힌다 해도
이젠 너를 넘어서 봄을 찾아 떠나가
남겨진 감정은 부는 바람에 휘날려

(Oh) 꿈속에 날 가뒀던 (Oh) 터널을 벗어난 순간
(Oh) 쏟아져 내리는 빛이 느껴져

I wanna be myself (I don't care)
아직 낯설다 해도 (Just don't care)
널 벗어난 순간 내가 보여
모든 게 다, 눈앞이 다

이제는 알겠어 (Now I know)
내게 필요했던 건 나란 걸
내 두 발이 가는 대로 걸어가
I feel the light, I feel the light

널 놓는다는 게 두려웠었지만
놓을 수밖에 없어 난
It's all good now

I wanna be myself (I don't care)
아직 낯설다 해도 (Just don't care)
너를 벗어나고서야 보여
모든 게 다, 눈앞이 다

바보라도 알아 (Mixtape : On Track)

작사 창빈 외 2명 l 앨범 Mixtape : 바보라도 알아 l 발매일 2020.03.25

이건 바보라도 알아
너만 한 건 내게 없다고
다시 널 향해 One more step
I will never stop
돌아서면은 안돼

늦었다
너에게 돌아가는 길의 막차가 끊겼다
조금 더 서두를 걸 이 후회도 이미 늦었다

하늘은 아직 파란데 왜 내 모든 게 흐려져
흐릿한 시야 속 너만 선명하게 그려져
그때 내가 이 못난 자존심 좀 버릴걸
이제서야 후회해 기회를 놓쳐 버린걸

어떤 이유에서인지
다가서지 못한 내가 너무 밉다
어떤 이유를 대서라도
이 상황을 막았어야 했는데
붙잡았어야 했는데

가지 마 떠나지 마
뒤돌아 봐줘 제발 가지 마
여기서 좀 더 멀어진다면
나 혼자 무너질지도 몰라

이건 바보라도 알아
너만 한 건 내게 없다고
다시 널 향해 One more step
I will never stop
돌아서면은 안돼

내가 바보라서 알아
너 없이는 살 수 없다고
다시 널 향해 One more step
I will never stop
I'll always be on track

너의 발걸음에 맞춰 걸었는데
잠깐 길을 잃었다
어렵게 네가 남긴 발자국을 따라 걸어도
다가가는 길목마다
머릿속에 소용돌이쳐

나만 이렇게 그리운 걸까
너는 얼마나 멀어진 걸까
우리 함께 할 순간 그 이상 속에
너무 익숙해져 버려 일상이 돼버렸는데

바보라도 알아 (Mixtape : On Track)

어떤 이유에서인지
멀게 느껴지는 네가 너무 밉다
어떤 이유를 대서라도
이 상황을 막았어야 했는데
붙잡았어야 했는데

가지 마 떠나지 마
뒤돌아 봐줘 제발 가지 마
돌이킬 수 없는 실수는 없어
더 이상 의미 없는 하루를 멈춰

이건 바보라도 알아
너만 한 건 내게 없다고
다시 널 향해 One more step
I will never stop
돌아서면은 안돼

내가 바보라서 알아
너 없이는 살 수 없다고
다시 널 향해 One more step
I will never stop
I'll always be on track

시간이 흐르고 흘러도
변함없는 간절함이
너를 찾게 하는 거야
매일 밤마다 나를 찾아와

또 애타게 하는 너
더 애타게 하는 너
아프게도 하는 너
I don't know x4

절대 널 놓지 못해 x2
내가 어떻게 널 놓을 수 있겠냐고

네가 없는 하루를 걷기엔
발걸음이 너무도 무겁다
다시 널 향해 One more step
I will never stop
I'll always

내가 바보라서 알아
너 없이는 살 수 없다고
다시 널 향해 One more step
I will never stop
I'll always be on track

일상 (Another Day)

작사 한 l 앨범 GO生 l 발매일 2020.06.17

피곤한 몸 씻고 나와서
또 재미없는 TV를 틀고
흥미 없는 뉴스는 오늘도
알 수 없는 말로 떠들어

제일 중요했던 일이 뭐였더라
하고 싶던 일이 많았는데
시간에 자꾸 쫓기느라
세상에 참 많은 곳이 있는데
맘 편히 한숨 푹 쉴 공간조차
주변엔 없더라

그저 두 발 뻗고 눕는다고
눈이 감기지 않아
눈을 질끈 감아봐도 다시
꿈이 없는 잠을 자
잠에서 깰 때마다 짧은 호흡
잠깐의 몽롱함
의미 없는 하루
그 끝엔 다시 반복 yeah

끊임없는 다툼 끝이 없는 한숨
늘어지는 하품
신경은 날카롭고 하는 말은 비수
이 모든 일에 싫증

어두운 방 안을 비집고 들어갔던 날
그 누구 한 명쯤은 나를 돌아봤을까
힘겹게 겨우 하루 보냈었던 오늘 난
몇 번 웃었나 그게 과연 진심이었을까

생각에 잠긴 내 모습은 웃겨
어린애가 걱정도 많구나
그저 할 일이나 똑바로 해
휑 한 내 맘속은 다 몰라준 채
웃어넘길 줄만 아는 그런
모습이 난 싫더라

그저 두 발 뻗고 눕는다고
눈이 감기지 않아
눈을 질끈 감아봐도 다시
꿈이 없는 잠을 자
잠에서 깰 때마다 짧은 호흡
잠깐의 몽롱함
의미 없는 하루
그 끝엔 다시 반복 yeah

다들 나 빼고 행복한 거야 그게 참 궁금해
아님 나만 아직 숨길 줄 모르는 어린애
모두 가면 속에 내면을 다 꽁꽁 숨겨서
외로움이라는 단어에 조금씩 무뎌져

청사진 (Blueprint)

작사 3RACHA 외 2명 ┃ 앨범 GO生 ┃ 발매일 2020.06.17

세상은 늘 말해 yeah 어렵고 힘들 거라고
좌절하길 바래 yeah 버겁다 느낀 그 순간

일부러 또 절망의 끝 따윌 속삭여
내겐 안 통할 걸 난 날 믿어

어떻게 무너질까 내심 기대하며
날 선 가시처럼 자극하기만 해
날 지켜봐 right now
난 크게 소리쳐

매일 꿈꿔온 나인 걸
매일 버텨온 긴 싸움인 걸
나의 전부를 건 청사진인 걸
매일 기다려온 내일인 걸

Watch me do what I want
날 시험 해봤자 난 나아가 한걸음 babe
날 좀 내버려 둬
날 막아서 봤자 더 나아가 한걸음 babe

저 멀리 손짓하는 햇살 속에
푸른 꿈이 나를 비춰
설레게 하는 걸 여전히 날 웃게 하는 걸

난 계속 멈추지 않고서 달려갈 걸
절대 지치지 않고서 달려갈 걸
저기 닿을 듯한 빛은 꺼지지 않아

난 언제나 청사진 속 길을 찾는 걸
세상이 말한 답은 틀렸다고
난 언제나 청사진 속 꿈을 꾸곤 해
보란 듯 이뤄내고 말 거라고
나의 내일은 파래

맘껏 떠들라 해
높은 저곳에 내 주먹 꽉 쥐고 올라갈게
진가를 발해 yeah yeah
숨이 턱 막힐 때마다

시련은 또 발걸음마다 날 기다려
그래도 달릴 걸 난 날 믿어

어떻게 상처를 줄까 몰래 비웃어도
못된 관중처럼 모른 척 기만해도
날 지켜봐 right now
더 크게 소리쳐

청사진 (Blueprint)

벅찼던 매일 yeah
꿈꿔왔던 내일에 다 날 데려다줘
날 내려봤던 모든 것들 위로 올라가
더 위를 봐

Watch me do what I want
날 시험 해봤자 난 나아가 한걸음 babe
날 좀 내버려 둬
날 막아서 봤자 더 나아가 한걸음 babe

저 멀리 손짓하는 햇살 속에
푸른 꿈이 나를 비춰
설레게 하는 걸 여전히 날 웃게 하는 걸

난 계속 멈추지 않고서 달려갈 걸
절대 지치지 않고서 달려갈 걸
저기 닿을 듯한 빛은 꺼지지 않아

I'll make you say
Oh oh oh oh oh oh
바다 끝을 향해 나를 던져
Oh oh oh oh oh oh
후회 없이 go 후회 없이 외쳐

파란 선으로 세상을 넓혀
나를 지켜보길 바래
하늘 보며 Imma party

저 멀리 손짓하는 햇살 속에
푸른 꿈이 나를 비춰
설레게 하는 걸 여전히 날 웃게 하는 걸

난 계속 멈추지 않고서 달려갈 걸
절대 지치지 않고서 달려갈 걸
저기 닿을 듯한 빛은 꺼지지 않아

난 언제나 청사진 속 길을 찾는 걸
세상이 말한 답은 틀렸다고
난 언제나 청사진 속 꿈을 꾸곤 해
보란 듯 이뤄내고 말 거라고

나의 내일은 파래 설레임이 날 에워싸
꼭 빛나길 바래 놓지 않아 절대 절대 절대
x2
나의 내일은 파래

B Me

작사 3RACHA 외 1명 | 앨범 IN生 | 발매일 2020.09.14

I gotta free me 너에게서 멀리
멀어질수록 가까워져 no worries
Nobody can't stop me
너를 놓아 겁 없이
Gotta free me, no worries

난 이제 너를 떠나 be me
지겹게 머릿속을 헤집었던
난 이제 너를 떠나 be me
너를 보낼수록 난 높이 날아

날 헤매게 했던 너 say goodbye
마주칠 일 없어 no second time
널 찾으려 했던 난 괴롭다
돌아봐도 거기 넌 없었다 yeah yeah

Maybe I'm not ready
잡힐 듯했어 매일이
달아나 더 저 멀리로
저기 어디로 네가 없는 곳

I gotta free me 너에게서 멀리
멀어질수록 가까워져 no worries
Nobody can't stop me
너를 놓아 겁 없이
Gotta free me, no worries

난 이제 너를 떠나 be me
지겹게 머릿속을 헤집었던
난 이제 너를 떠나 be me
너를 보낼수록 난 높이 날아

차가워진 눈빛
널 보내려는 손짓
꿈꾸던 story
끄적거리다 끝났지

집착에 목이 메다
써 내려간 별거 아닌 결말
눈밭에 모래성을 짓고 있던
우린 서로를 위해 서로를 떠나

B Me

널 가지면 아팠고
내려놓기엔 불안해서
삭막한 내 현실에 시야는 좁고
너무 불안했어

손 끝자락에 널 붙잡아 놓고
꽉 쥐고 흔들어
널 날려 보내 저 멀리

I gotta free me 너에게서 멀리
멀어질수록 가까워져 no worries
Nobody can't stop me
너를 놓아 겁 없이
Gotta free me, no worries

난 이제 너를 떠나 be me
지겹게 머릿속을 헤집었던
난 이제 너를 떠나 be me
너를 보낼수록 난 높이 날아

홀가분해 now I'mma be me
붙잡았던 아쉬운 마음도 사라져
뜨거운 너의 빛을 등지고
Just let me go

I gotta free me 너에게서 멀리
멀어질수록 가까워져 no worries
Nobody can't stop me
너를 놓아 겁 없이
Gotta free me, no worries

난 이제 너를 떠나 be me
지겹게 머릿속을 헤집었던
난 이제 너를 떠나 be me
너를 보낼수록 난 높이 날아

Oh oh eh oh x12

미친 놈 (Ex)

작사 방찬, 창빈 | 앨범 IN生 | 발매일 2020.09.14

유난히 차갑던 그 날의 말투
유난히 많았던 그 날의 하품
하루 이틀 또 핑계가 된 바쁨
결국엔 티 났던 식어버린 마음

미안하단 말을 남긴 채 너와
손을 떨며 써 내려간 슬픈 결말
떠나보내 놓고 난 아프죠
내가 그래 놓고 왜 내가 아프죠

고맙다는 말도 못 한 채 너와
말을 떨며 주고받은 날카로운 말
멀쩡한 척해도 거짓말 못 하는
그리움이 날 후회하게 만들죠

다 깨져버린 추억들 속에 널 찾아
붙잡아봤자 너의 눈물만 떠올라

그땐 내가 미쳐 돌았나 봐 너 없는 시간
난 자신이 없는데 결국 너밖엔 없는데
잠깐 미쳤던 거야

그땐 내가 미처 몰랐나 봐 너 없는 공간
숨쉬기도 벅찬데 뭘 믿고 그랬을까
미친 놈이었던 날

욕해도 좋아 맘껏 욕 욕 욕해
Woah Yeah Woah Yeah
욕해도 좋아 실컷 욕 욕 욕해
날 향한 증오가 화 정도가 될 때까지
화가 풀려 다시 돌아갈 수 있다면

할 말 다 털어놓은 상태
서로 안 맞았던 걸로 포장해
사실 너를 만나는 중에
딴 사람도 눈에 들어왔던 게 나의 죄

미친 놈 (Ex)

무슨 일 있냐고 물어보는
너의 목소리를 들었을 때 절레절레
신경 쓰지 말라고 말했었던 난데
그 말을 뱉은 내가 더 신경 쓰여 왜

다 깨져버린 추억들 속에 널 찾아
붙잡아봤자 너의 눈물만 떠올라

그땐 내가 미쳐 돌았나 봐 너 없는 시간
난 자신이 없는데 결국 너밖엔 없는데
잠깐 미쳤던 거야

그땐 내가 미처 몰랐나 봐 너 없는 공간
숨쉬기도 벅찬데 뭘 믿고 그랬을까
미친 놈이었던 날

주제도 모르고 너를 놓치고
후회만 하는 내가 너무도 밉다
주체를 못 하고 보고 싶은데 yeah

저 멀리 멀어져 닿을 수 없는 널
잊지 못하는 고통 속에 살아가

그땐 내가 미쳐 돌았나 봐 너 없는 시간
난 자신이 없는데 결국 너밖엔 없는데
잠깐 미쳤던 거야

그땐 내가 미처 몰랐나 봐 너 없는 공간
숨쉬기도 벅찬데 뭘 믿고 그랬을까
미친 놈이었던 날

욕해도 좋아 맘껏 욕 욕 욕해
Woah Yeah Woah Yeah
욕해도 좋아 실컷 욕 욕 욕해
날 향한 증오가 화 정도가 될 때까지
화가 풀려 다시 돌아갈 수 있다면

OH (Mixtape : OH)

작사 3RACHA ┃ 앨범 Mixtape : OH ┃ 발매일 2021.06.26

내 손이 네게 닿을 때
서로의 눈빛에
처음 느껴본 감정에 숨이 차
이건 설명이 안 돼
절대 그저 그런 게
아닌 걸 알아 더 욕심나니까

그냥 난 떼를 쓰고 싶어 참 어이없게
계산적인 생각들은 다 멈출래
거짓말을 한 것처럼
들키고 싶어 이 설렘도
그저 네 곁에 향기처럼 맴돌기 싫어

I thought I knew
다 아는 듯이 당당했지만
But I didn't know, with you
다가갈수록 왜 더 어려워지는데
할 말을 준비해도 어딘가로 사라지고
결국 헛소리만 늘어놓죠 계속

너의 그 손을 잡으면
자꾸만 내가 어리게만 보여
날 그렇게 보지 말라고
나답지 않게 어리광을 부려

너와 두 눈을 맞추고서
한 걸음 더 네게로
계획을 세워봐도
여전히 네 앞에 서면 나는 애야

Ey (애야) Can I call you baby?
Ey (애야) 사랑 앞에선 baby

알아 이건 떼쓴다고 되는 거 아닌 거
잘 알아 이건 더 내 머릿속 너가 다라는 거
내 맘이 널 원해 네 맘을 더 원해
이 맘은 꽤 독해 너만이 해독제

내 마음은 확실한데 또 맘대로 안되니까
어리숙한 표현 행동 매너
보기엔 아직 애니까
어른스러운 사람 어른스러운 사랑
어른스러운 남자 쉬울 것 같았던 것들
네 앞에선 모든 게 어렵다

OH (Mixtape : OH)

I thought I knew
다 아는 듯이 당당했지만
But I didn't know, with you
다가갈수록 왜 더 어려워지는데
할 말을 준비해도 어딘가로 사라지고
결국 헛소리만 늘어놓죠 계속

너의 그 손을 잡으면
자꾸만 내가 어리게만 보여
날 그렇게 보지 말라고
나답지 않게 어리광을 부려

너와 두 눈을 맞추고서
한 걸음 더 네게로
계획을 세워봐도
여전히 네 앞에 서면 나는 애야

What should I do?
그저 착각일까
쉽게 끝이 날까
(Oh na na na na what should I do)
더 가까이
(Oh na na na na what should I do)
다가가 네게로 닿고 싶어

(애야) (다가가 네게로 닿고 싶어)
계획을 세워봐도
여전히 네 앞에 서면 나는

너와 두 눈을 맞추고서
한 걸음 더 네게로
계획을 세워봐도
여전히 네 앞에 서면 나는 애야

Ey (애야) Can I call you baby?
Ey (애야) 사랑 앞에선 애야

말할 수 없는 비밀 (Secret Secret)

작사 한 | 앨범 NOEASY | 발매일 2021.08.23

아무 말도 못 해 난 그저 내 입가에 맴돌아
가끔씩 난 두려워져 누군가 알아챌까

빗소리에 더 크게 외쳐 본다
내 말들이 모두 묻혀질까 봐
하늘이 점점 흐려져 간다

축 처진 어깨 젖어버린 옷
시끄럽던 음악 소리마저 작게만 들려
답답했던 내 목소리를 다
이 비에 흘려보내고 싶어 꺼내 본다

내려오는 빗물에 모든 걱정들을 담아 떨쳐내
이런 내 모습 속으로 더 깊이 젖어 들지 않게
Baby it's fallin' eh oh 끝의 한 방울까지 eh oh
웃는 얼굴로 떠나보내 손끝에 맺힌 마지막까지 모두 다

괜찮은 척하는 게 더 외로워
홀로 다른 곳을 바라보며
나의 고민을 수없이 지웠다 그리는 걸
반복해 봤자 달라지는 건 없어

뭐 언젠간 익숙해지겠지
이런 느낌조차 잊은 채로 살아가겠지
바쁘게 걸어가다 보면 괜찮아지겠지
비 온 뒤에 땅이 굳고 다시금 꽃이 피듯이

말할 수 없는 비밀 (Secret Secret)

축 처진 어깨 젖어버린 옷
시끄럽던 음악 소리마저 작게만 들려
답답했던 내 목소리를 다
이 비에 흘려보내고 싶어 꺼내 본다

내려오는 빗물에 모든 걱정들을 담아 떨쳐내
이런 내 모습 속으로 더 깊이 젖어 들지 않게
Baby it's fallin' eh oh 끝의 한 방울까지 eh oh
웃는 얼굴로 떠나보내 손끝에 맺힌 마지막까지 모두 다

애써 더 웃어본다 하루가 길어진다
점점 더 지쳐간다 세상에 혼자 남겨진 기분이야
난 이 맘조차 속이며 잘 지낼까

내려오는 빗물에 모든 걱정들을 담아 떨쳐내
이런 내 모습 속으로 더 깊이 젖어 들지 않게
Baby it's fallin' eh oh 끝의 한 방울까지 eh oh
웃는 얼굴로 떠나보내 손끝에 맺힌 마지막까지 모두 다

Never ever ever ever x3
손끝에 맺힌 마지막까지 모두 다

Winter Falls

작사 한 | 앨범 Christmas EveL | 발매일 2021.11.29

겨울이 다시 불어온다
시간이 또 흐른 걸까
나만 빼고 모두 변했다
아프도록 외로워진다

아직 널 그리워하는 난
여전히 그때 그 자리에 남아
추억을 모두 모아
눈을 감고 떠올려 본다

해가 짧아져 밤이 더 길어
시린 맘 위에 얼음 같은 게 녹았네
얼었다 녹기를 반복하다 보니 미련
따위에 온기를 잃어버렸지 그래

We are like movie, 막힐 듯해 숨이
그 옛날얘기에 어색하게 다시 몸부림
어쩔 수 없다 하면서도 네 흔적에 멈칫
하다 보니까 생각나

Winter Falls 떨어진다 눈이
그 어떤 것보다 깨끗하게
Falls 아직 내게 남은
네 모든 걸 다 지워볼게

I loved you loved you loved you
너도 그랬듯
loved you loved you loved you
다시 Falls 떨어진다 눈이 떨어진다 우린

Winter Falls oh x2
Please fall before I fall

I loved you loved you loved you
너도 그랬듯
loved you loved you loved you
다시 Falls 떨어진다 눈이 떨어진다 우린

이젠 괜찮아 그래 I'll be okay
이젠 됐잖아 상관없어 go away

기억 속에 너를 찾는다 (find you)
그 손 잡고 그때 걸어가 (yeah yeah)
따뜻했던 겨울이었다
그땐 전부 아름다웠다

Winter Falls

조용한 하늘 아래 숨어 맘을 모두 비워
그댈 잊는 것보다 밀어내는 게
그나마 쉬워 그래
그때가 그리운 건지, 그대가 그리운 건지
도무지 알 수 없는
나의 이름 모를 미련들이

괜히 센 척을 해봐도 나만 우습게 돼
사계절이 몇 번 지나야 괜찮아질까 yeah
아프기만 하겠구나, 추억을 찾아도
나만 초라해지고 상처만 남아

Winter Falls 떨어진다 눈이
그 어떤 것보다 깨끗하게
Falls 아직 내게 남은
네 모든 걸 다 지워볼게

I loved you loved you loved you
너도 그랬듯
loved you loved you loved you
다시 Falls 떨어진다 눈이 떨어진다 우린

긴 꿈을 꾸다 일어난 것 같아
눈이 내리고 시간은 멀어진다
널 품고 있던 계절이 다시 올까
이젠 보내야 하는데 힘이 든다

Winter Falls 떨어진다 눈이
그 어떤 것보다 깨끗하게
Falls 아직 내게 남은
네 모든 걸 다 지워볼게

I loved you loved you loved you
너도 그랬듯
loved you loved you loved you
다시 Falls 떨어진다 눈이 떨어진다 우린

Winter Falls oh x2
Please fall before I fall

I loved you loved you loved you
너도 그랬듯
loved you loved you loved you
다시 Falls 떨어진다 눈이 떨어진다 우린

다 불태우고 다 불태우고
그렇게 끝내자 이 끝에 우린 재만 남아
겨울바람에 네 맘을 태우고
저 멀리 날려 이제 우리 대신 나만 남아

그림자도 빛이 있어야 존재

(Behind The Light)

작사 방찬, 리노, 창빈, 현진, 한, 필릭스, 승민, 아이엔 | 앨범 SKZ2021 | 발매일 2021.12.23

처음 모두 만나 인사한 날 기억나
걸음마를 떼는 연습에 우린 아기 엄마처럼
이유식을 만들 듯 뭐든 세심하게
하나하나 다 신경 써 챙겼었던 날

그 열정에 비례한다면 사람들의
반응은 불가능해 반응 없는 그 반응에
반응했다면 상처만 심하게 반응해
아마 이 곡도 없겠지 그저 잠시 목마르네

그때의 설렘을 잊은 듯해
달리 말하면 전에 비해 꽤나 의젓해진 듯해
하다 보니 시간에 쫓겨서 이것에 진 듯해
진득이 진드기마냥 붙어있기엔 지독해

끝이란 해충제 이 압박감에도
내 꿈은 주체 못 해 내 앞이 까매도
내 열정이 손전등이 되어 앞을 밝혀
서로를 비추는 등대가 돼 상황이 바뀌어

다시 감아버리지 말라고 빛이 비춘 곳에 그림자가 서 있으니
돌아보면 그곳에 밝은 빛이 너를 기다릴 거야

Am I doing right or not
그땐 솔직하게 불안했었어 근데
지금 우리를 비춰주는 많은 꽃들이 있기에 불확실하지 않아

그림자도 빛이 있어야 존재
(Behind The Light)

One for the fame One for the game
언제라도 좋으니 그들처럼
One for the way I'm gonna take
어디라도 이 노래 흥얼거려

멀어 더 멀어져 버린다 해도 난 멈추지 못해
어두워 보이는 그림자도 빛이 있어야 존재

우린 하나같이 같은 빛만 보고 달려온 거야
음악이랑 춤 하나로 통한 단순한 형제들의 우애야
후회하지 않아 조금 지쳤더라도
치킨 먹으면서 웃는 게 즐거울 뿐이야

흑과 백이 대비한 세상을 따라가 Like crosswalk
그럴 수밖에 없는 일상을 살아가 난 또
맘 편히 그냥 웃자 맘 편히
그저 그런 단순함 쉽게 생각해 그냥 열심히 할 뿐이야

Hey we never give up
We never give up x2 절대 포기 않아
I believe my family 우리에게 빛이 비치니
다 이겨낼 수 있어 그림자가 우릴 삼켜도 포기 않아

난 Wake up 내 기쁜 Dreams fade away
숨 못 쉬겠어 내 머리 답답해지네
똑같은 행동을 계속 Replay 시간 지나가도 느껴질 수 없네

그림자도 빛이 있어야 존재

(Behind The Light)

내 머릿속에 Colourless voices
Stepping in 내 마음속에 Hopeless choices
I know I can't succeed if I feed like this
Leave like this scarred and feared pain like this

One for the fame One for the game
언제라도 좋으니 그들처럼
One for the way I'm gonna take
어디라도 이 노래 흥얼거려

멀어 더 멀어져 버린다 해도 난 멈추지 못해
어두워 보이는 그림자도 빛이 있어야 존재

나도 그럴 때 있어
힘들고 지칠 땐 하늘을 바라봐
항상 빛날 수는 없지만
어둠이 있어야 더 빛날 수가 있어

One for the fame One for the game
언제라도 좋으니 그들처럼
One for the way I'm gonna take
어디라도 이 노래 흥얼거려
멀어 더 멀어져 버린다 해도 난 멈추지 못해
어두워 보이는 그림자도 빛이 있어야 존재

x2

Lonely St.

작사 방찬, 창빈 ㅣ 앨범 ODDINARY ㅣ 발매일 2022.03.18

길을 걸어가다 falling down I'm falling down
The street is desolated
난 또 blackout 틈만 나면 spaced out
The street is isolated

Still astray Astray Astray
Just stuff it all 'cause I'mma go on my way

잠깐 눈을 감아서 보는 밤 어차피 아무것도 안 보인다
뭘 기대한 걸까 눈을 떠도 똑같아

빛 하나 들지 않는 여긴 외딴길
가로등은 오래전에 고장 났지
다 헐어버린 신발 밑창이 남긴 발자취는 얼마 안 가 지워져

지쳐 쓰러질 것 같은데 더는 못 갈 것 같은데
내게서 많은 걸 빼앗아 갔지만 ey
여긴 내가 걷는 마지막 way
이제 와 날 위로하지 마 I'm still on my way

길을 걸어가다 falling down I'm falling down
The street is desolated
난 또 blackout 틈만 나면 spaced out
The street is isolated

Lonely St.

Still astray Astray Astray

Just stuff it all 'cause I'mma go on my way

Every day and night I'm walking

혼자 걷는 밤은 더 어둡지

고독하지만 the lone king

칼 뽑아 내 길은 내가 그려 true

노을을 향해 but I'm blue

안 보여 even with the moon

I'm still astray x2

다시 넘어질 것 같은데 더는 못 갈 것 같은데

내게서 많은 걸 빼앗아 갔지만 ey

여긴 내가 걷는 마지막 way

이제 와 날 위로하지 마 I'm still on my way

길을 걸어가다 falling down I'm falling down

The street is desolated

난 또 blackout 틈만 나면 spaced out

The street is isolated

Still astray Astray Astray

Just stuff it all 'cause I'mma go on my way

식혀 (CHILL)

작사 한 l 앨범 MAXIDENT l 발매일 2022.10.07

칼로 물 베듯 끊이지가 않는 싸움
처음부터 맞지 않았던 건 아니야
우린 그저 다른 것일 뿐이라 생각했던
그 생각은 결국 틀렸던 것일까

손을 잡아도 서로 다른 곳을 보고
대화 주제의 흐름은 다 딴 데로
이 애정 없는 대화 속에 맘이란
그저 텅 빈 쓰레기통에 눌러 붙은 껌이야

시곗바늘 소리가 ti-ki tok
침묵 속에 어색한 기류가 흘러
갖은 이유로 내게 찔려 있는
눈빛 속에 아주 얕은 맘으로

비켜줄래라는 말을 꺼냈을 때
슬픔이라기보단 후련하게도 yeah
Yes you that's you
thank you right now

그래 우린 Yeah we gonna
break break break together
서로의 값진 매일매일들을 불태워
이젠 모두 남김없이 버려도
우린 후회 없어
그저 속 타는 마음만 식혀

이젠 내 내 내게 신경 꺼
추억 속 여기서 그만 밖으로 나가줘
그래 너도 남김없이 버려 다
다신 후회 없게
일단 속 타는 마음 좀 식혀

(I mean like ah)
빠르게 빠르게 더 식어버린 맘 다
씻어내고 새로운 시작
서로 해보자고 start now
지지고 볶고 판단은 나중으로 미뤄
어차피 이 관계의 지속 가능성은 zero

싹 다 그래 다 지워 보자고
이게 맞냐고 성내도 너도 다 지울 거잖어
왜 아닌 척 눈시울 붉혀

식혀 (CHILL)

시곗바늘 소리가 ti-ki tok
침묵 속에 어색한 기류가 흘러
갖은 이유로 내게 찔려 있는
눈빛 속에 아주 얕은 맘으로

비켜줄래라는 말을 꺼냈을 때
슬픔이라기보단 후련하게도 yeah
Yes you that's you
thank you right now

그래 우린 Yeah we gonna
break break break together
서로의 값진 매일매일들을 불태워
이젠 모두 남김없이 버려도
우린 후회 없어
그저 속 타는 마음만 식혀

이젠 내 내 내게 신경 꺼
추억 속 여기서 그만 밖으로 나가줘
그래 너도 남김없이 버려 다
다신 후회 없게
일단 속 타는 마음 좀 식혀

아무렴 어때 시원하게 게워내
속에 있던 얘기들 전부 씻어내
전부 날리자 오늘 다 뱉어
속에 담아뒀던 그 모든 말들도
우린 한 쌍의 죽여주는 actor
연기 그만하고 우리 서로

이제 그만 Yeah we gonna
break break break together
서로의 값진 매일매일들을 불태워
이젠 모두 남김없이 버려도
우린 후회 없어
그저 속 타는 마음만 식혀

이젠 내 내 내게 신경 꺼
추억 속 여기서 그만 밖으로 나가줘
그래 너도 남김없이 버려 다
다신 후회 없게
일단 속 타는 마음 좀 식혀

충돌 (Collision)

작사 한 | 앨범 ★★★★★ (5-STAR) | 발매일 2023.06.02

내가 그렇게 미워졌니

손 한 뼘보다 가깝게 있던 넌 지금 어디

I cannot find you now

두서없는 말로 널 잡기는 힘들 것 같아

구긴 표정 풀어 내가 더 잘할게 울지 마

내 품속에 너 대뜸 내게 넌

Baby where you from, I said, "Maybe 너"

Romantic 했던 추억 회상 소각

하늘로 흩어져 버린 매연 같다

미안해 그냥 내가 잘못했어

변명할 생각 없어 다시 한번

그때로 돌아가 날 사랑한다 말해줘

Babe I beg you, let's go back to the day we loved

내가 그렇게 미웠었니 우린 운명이라

말했었던 우린 타 저 하늘에 별 같아

시간이 지나 우린 만나서 부서지더라

그 흔적이 온 우주 전체를 맴도는 이 밤

우리 둘 바삐 충돌 yeah Yeah we crash 파편은 어디

Yeah 충돌 Yeah 우린 벌써 저기 멀리

충돌 (Collision)

Why you acting like a fool
알잖아 Don't be so rude
Call me baby like you used to 원래 그랬던 것처럼

둘이서 불러 보자고 lovely 애칭으로 자기야
이제 와 이런 말하기 쉽지 않아 알잖아
너가 바로 내 자체 삶이야 밤이고 아침 그리고 끝마침

네가 시작이고 끝이야 부서진다면 난 마치
우주에 날리는 먼지마냥 휘날리다 사라져 그건 너도 잘 알지

행성이 부딪혀 내는 폭발의 굉음보다 크게 나눴던 감정이
하루아침에 반쪽보다 못하는 사이로 남아 떠난다는 맘이 난 싫지

미안해 그냥 내가 잘못했어
변명할 생각 없어 다시 한번
그때로 돌아가 날 사랑한다 말해줘
Babe I beg you, let's go back to the day we loved

내가 그렇게 미웠었니 우린 운명이라
말했었던 우린 타 저 하늘에 별 같아
시간이 지나 우린 만나서 부서지더라
그 흔적이 온 우주 전체를 맴도는 이 밤

우리 둘 바삐 충돌 yeah Yeah we crash 파편은 어디
Yeah 충돌 Yeah 우린 벌써 저기 멀리

사각지대 (BLIND SPOT)

작사 3RACHA | 앨범 樂-STAR | 발매일 2023.11.10

어두운 밤 소리치는 날
아무도 내 모습 몰라도 괜찮아
빛나는 도착 지점 뒤
몰락했던 모습은 숨겨 누구도 그걸 못 봐

천하태평하대 (하대)
저문 하늘 밑 뜀박질하며 악해 (악해)
모든 순간들이 기억 속에
차 있네 (차 있네)
맨몸으로 부딪히며 걸어왔네
떳떳하게 yeah yeah

They only look at
the results and success
Blinded by our glowing process
보이는 게 다가 아냐 사각지대 속에 감춘

Show them what you're made of
Your endless nights
deserve a loud ovation
Shine bright
and prove them wrong
'Cause we can feel our progress

Shining, we are the champions
Trying to make a difference
다가오는 빛에 다 와 가는 듯해
I'm still there in the blind spot

Shining, we are the champions
Dying to live for greatness
바라왔던 끝에 다가서는 그때
We'll meet outside the blind spot

지금 이 순간에도 누가 몰라준대도
I ain't gonna stop oh no no no
실패가 눈에 밟혀도 두려움을 다 감추고
I'm just gonna stomp and let it go

보이지 않는 피와 땀 그 과정 속에 있는 나
이건 나 자신과의 싸움 스스로를 지켜 가
해가 뜨고 지는 밤 하늘 위의 밝은 달
우릴 닮은 듯해 어둠을 감춘 채 떠오른다

사각지대 (BLIND SPOT)

They only look at
the results and success
Blinded by our glowing process
보이는 게 다가 아냐 사각지대 속에 감춰

Show them what you're made of
Your endless nights
deserve a loud ovation
Shine bright
and prove them wrong
'Cause we can feel our progress

Shining, we are the champions
Trying to make a difference
다가오는 빛에 다 와 가는 듯해
I'm still there in the blind spot

Shining, we are the champions
Dying to live for greatness
바라왔던 끝에 다가서는 그때
We'll meet outside the blind spot

Creating treasures
in this lightless lonely night
(I'm fine, never giving up)
불씨가 지펴지는 이곳에서
만들어 낸 빛이 결국 밝혀
It's time to light up, start now

Shining, we are the champions
Trying to make a (hey)
Shining, we are the champions
Dying to live for greatness
x3

Shining, we are the champions
Trying to make a
Shining, we are the champions
Dying to live for greatness

Social Path (Feat. LiSA) (Korean Ver.)

작사 3RACHA ∣ 앨범 樂-STAR ∣ 발매일 2023.11.10

Gave up my youth For my future

I just want to Rise up stronger

Where am I right now? 끝이 없던 긴 밤

날이 밝아 온다 다음이 다가온다

I won't miss it (Now or Never)

많은 걸 포기했지 다들 말하는 청춘이라면

수많은 유혹을 참아 냈지 날 만만하게 봤다면

You're wrong 용광로의 광석 더 단단해지는 금속

난 더 견고하게 굳건하게 다신 없을 순간의 끝을 향해

I know it's gon' be lonely

'Cause everyone keeps turning me down

Countless new surroundings

Cold eyes keep looking me down

I'm still in the crowd, alien of the town

Yeah they want me to give up right now

They're making me laugh it's so loud

Waking the demon that's hiding inside

You only get to live one life I know I'm ready

Take that chance no matter what they tell me

I cannot explain this feeling

Yeah this path was meant to be my dream

Social Path (Feat. LiSA) (Korean Ver.)

Look back, the ashes prove my
Passion always burns eternally
No regrets, I love this feeling
Down on this road, call it the Social Path

I'm tossing, turning in my bed
Them voices in my head again
I gotta shake 'em off now (Now or Never)

Never knew I'd see so many people come and go
I see the mirror, it's only me
Evil thoughts taking over, I'mma let it go
I fight myself, it's only me

I know it's gon' be lonely
'Cause everyone keeps turning me down
Countless new surroundings
Cold eyes keep looking me down

I'm still in the crowd, alien of the town
Yeah they want me to give up right now
They're making me laugh it's so loud
Waking the demon that's hiding inside

Social Path (Feat. LiSA) (Korean Ver.)

You only get to live one life I know I'm ready
Take that chance no matter what they tell me
I cannot explain this feeling
Yeah this path was meant to be my dream

Look back, the ashes prove my
Passion always burns eternally
No regrets, I love this feeling
Down on this road, call it the Social Path

No way back to the past, I'll step ahead
Go right in front of me

찢긴 청사진을 다시 붙여 날 밀어내도
원래 그랬던 대로 저 위를 달리고
날 서 있는 곳에 맨몸으로 맞서
밤이 또 와도 I will rise up

Gave up my youth For my future
I just want to Rise up stronger

I'm gonna look back, the ashes prove my
Passion always burns eternally
No regrets, I love this feeling
Down on this road
Call it the Social Path

I Like It

작사 3RACHA 외 1명 | 앨범 ATE | 발매일 2024.07.19

"Cops & Robbers" chase each other

Full of energy

Pushing me further, pulling me closer

Some sorta chemistry

I think I'm addicted to the title "You & Me"

Don't ask, "What are we?" Ooh ooh I like it baby

이 관계를 정의하지 마 사랑은 모르겠고 좋아하는 사이

간단히 점선과 실선의 차이 알잖아 지금 내가 말하는 vibe (hey)

넘고 싶음 넘어 근데 난 안 넘어 지금이 더 좋을 거니까

서로 부담은 덜고 지금처럼 걸어 상처도 덜할 테니까

Before we love, we love this feeling babe

'Cause it's enough, enough, keep it this way

Before we love, we love this feeling babe

Yeah I love that I like you but I don't wanna love

Ooh I like it ooh ooh I like it like it x3

Love that I like you yeah yeah yeah

진전 없이 just stay tuned 예고편이 제일 재미있거든

어떤 식의 역할극이든 잠깐 발 담고 빼지 no reason

I Like It

진심은 no thanks, so keep it 진실은 언제나 too deep해
한 발 오면 두 발 도망가지 작전 없는 사이 I want it

Still got so much to find out
We playing "Hide & Seek"
Don't wanna end this game
Hope it goes for eternity
Let's not go official, we can keep the "You & Me"
Don't ask, "What are we?" Ooh ooh I like it baby

Oh 서로 가까워졌다가도
Oh 먼발치 물러서는 우리 섣불리 착각 않길
Yeah I love that I like you but I don't wanna love

Before we love, we love this feeling babe
'Cause it's enough, enough, keep it this way
Before we love, we love this feeling babe
Yeah I love that I like you but I don't wanna love

Ooh I like it ooh ooh I like it like it x3
Love that I like you yeah yeah yeah

I like it ooh ooh I like it like it
Ooh I like it ooh ooh I like it like it x3

또 다시 밤 (twilight)

작사 한 | 앨범 ATE | 발매일 2024.07.19

내 하루는 누구보다 짧은 것 같아

네 생각을 하다 보면 또다시 밤

우연히 남겨 놓은 발자국을 따라

가다 보면 너가 있을 것 같아

그때에 너의 따뜻했던 말들과

나를 설레게 했던 눈빛들 다

식었다 너와 내 온도는 뜨겁게 타올라 재가 돼 버렸나

흔적도 없이 검은 재만 남아

우리만 아는 그런 슬픈 기억이 됐다

지웠나도 생각했지만 네 생각이 나면

어김없이 울다 지쳐 잠이 들고 나서 일어나 보면

하늘은 저물고 내 방은 또다시 밤

너와의 기억이 깃든 사진 속에

그대는 짙은 미소를 띤 채 날 바라보고

난 그때의 날 보며 질투

이젠 우리 이름에 빗금 영원이라 말하던 믿음의

균열이 어긋나 툭 치면 부서질 위험한 감정이 들어

내 눈물은 늘었고 잠은 더 줄어

또 다시 밤 (twilight)

서투른 감정이 키운 실수

사랑한다는 맘에 찌질한 원망이 뒤끝

예쁜 happy ending은 없을까

이 혼잣말은 끝없이 허공을 맴돌아

식었다 너와 내 온도는 뜨겁게 타올라 재가 돼 버렸나

흔적도 없이 검은 재만 남아

우리만 아는 그런 슬픈 기억이 됐다

지웠나도 생각했지만 네 생각이 나면

어김없이 울다 지쳐 잠이 들고 나서 일어나 보면

하늘은 저물고 내 방은 또다시 밤

저 하늘에 뜬 별보다 널 찾기 더 힘들더라

구름에 가려진 걸까 oh 난

보이지가 않아 꿈속에서라도

너의 흔적이 내게 보일까 싶지만 이미 떠난 너의 발자국은 다

식었다 너와 내 온도는 뜨겁게 타올라 재가 돼 버렸나

흔적도 없이 검은 재만 남아

우리만 아는 그런 슬픈 기억이 됐다

지웠나도 생각했지만 네 생각이 나면

어김없이 울다 지쳐 잠이 들고 나서 일어나 보면

아름다운 공허함이 남겨진 내 방엔 또다시 밤

#LoveSTAY #LoveSKZ

김예원	앞으로도 쭉 스키즈와 발맞춰 걸을게!
강선우	항상 같이 뛰어줄게 여기 있어줘서 고마워
페로체	언제까지나 빛날 스테이들의 아이돌, 스키즈 항상 힘내고 사랑해
박서현	우리 영원히 하나인 스테이와 스키즈
아리	언제나 나의 고단함을 가려주는 스키즈
박주연	2018년에 시작해서 벌써 2025년이야… 오랫동안 함께한 만큼 많은 추억을 쌓아온 것 같아! 앞으로도 계속 함께하고 싶어 사랑해
황진주	Oh, 소리를 지르는 내가, oh 스테이란다, 내 스키즈는 내가 응원한다
도소민	버티고 버텨 온 너희처럼 시간과 노력의 힘을 믿고 나아갈게
Legato	내 인생 마지막 아이돌
Sonya	Thank you Stray kids for being a light in my life, being the hand that pulled me out of hell and showed me the way to my dreams. I love you all eternally!
Angelica	Stray Kids, thank you for existing! Please, never stop doing what you love
Lena Sebo	Every ending is a new beginning and everything bad will eventually come to an end. There's always light at the end of the tunnel.
mars	i will always be by your side, my stars
유신혜	스키즈는 잘하고 있어 스키즈 잠시 힘들때 스테이가 같이 뛰어줄게 걱정접고 일어나 팔을 걷어올려 포기 따윈 접어
Katja	Stray Kids, you make the world a better place...thank you for finding me
서주희	네가 있어서 버틸 수 있었어
Rina S.	Continue inspiring STAYs! Your light never dims!
아이리	SKZ와의 추억은 나에게 있어 보물
이하윤	누구보다 빛나는 스키즈 사랑해!
최한나	돌아보면 그곳에 STAY가 SKZ를 기다릴거야!
배아영	스키즈가 바로 내 자체 삶이고 밤이고 아침 그리고 끝마침 스키즈가 시작이고 끝이야
이루다	매일 계획을 세워봐도 여전히 Straykids 앞에 서면 Stay는 '애'야ㅠㅠ♡
정지원	스키즈! 어두웠던 내 삶에 빛을 밝혀줘서 고마워
서은채	두 손 꼭 잡은 채 그 어떤 순간이 덮쳐 와도 널 놓지 않을게
정예림	영원이란 말을 지속되도록 해줄게! 그보다 그만큼 더 사랑해
김세은	너희의 웃는 모습이 예쁘지만 억지론 웃지 말아줘
유리	항상 어디서든 응원하고 떠나지않고 옆에있을게 스트레이키즈 사랑해
이태리	스테이는 힘들고 지칠때 스키즈를 바라봐:)

Stray Kids
가사 필사집

경연	#Love STRAY KIDS
이진	스키즈는 어디선가 스테이를 위로해
김나연	Listen to this 승전가
카호	내 인생을 빛내줘서 고마워요 이렇게 행복한 매일은 Stray Kids 덕분이야
솔	꿈속에서 꾸던 스키즈를 만나, 이제 항해를 시작하려 해
안소율	스트레이 키즈 정말 잘 하고 있어 앞으로도 스테이들과 많은 추억 쌓아가자!
이윤지	skz hold my hand now!!
김수향	보이지 않는 피와 땀 그 과정 속에 있는 나 이건 나 자신과의 싸움 스스로를 지켜 가
이은지	불가능하단 말들 앞에 서로 더 붙잡고 전부 헤쳐나갈게
박소은	제일 초라한 모습마저 안아 네 곁에 있어줄게 약속
김보정	있잖아 나 네가 난 너무 좋아 처음부터 스키즈 넌 스테이의 심장을 흔들고 스테이를 미치게 해
류송연	뭐가 걱정이야 스테이는 스키즈를 믿어
유야	나의 살기 위한 존재 오래오래 함께 하자
김도영	내 청춘의 빛한줄기 스키즈
백인선	스키즈 대신 할 수 없어 어떤 누구도
Susana silvestre	SKZ always tore up the stage
Michella G.	When I had trouble finding reasons to continue, you gave me 8. 8 is fate, 8 is family, 8 is home. Even when we feel astray… So, if it's okay with you, I'd like to stay. Thank you Chris, Minho, Changbin, Hyunjin, Jisung, Felix, Seungmin and Jeongin. Thank you Chris. For being, here being you. You are my safety. Thank you Minho. For being here, being you. You are my strength. Thank you Changbin. For being here, being you. You are my motivation. Thank you Hyunjin. For being here, being you. You are my inspiration. Thank you Jisung. For being here, being you. You are my acceptance. Thank you Felix. For being here, being you. You are my guidance. Thank you Seungmin. For being here, being you. You are my comfort. Thank you Jeongin. For being here, being you. You are my courage.
Joanna Tran	I will always believe in an eternity with Stray Kids!
호노	스테이와 스트레이 키즈의 추억을 추억으로 남겨 now or never
유담	탐험을 떠나갈거야 right now, Young and free 두려울거 없잖아
초코칩 쿠키	만개했을 때부터 피기까지의 과정조차 모두 아름다운 스키즈, 사랑해!
조서윤	맘 편하게 just sing 뭘해도 스테이는 괜찮아!
최연서	졸린 잠을 참아온 스키즈 수고했다 꽃길만 걷자
송예은	스키즈 좋아한거 후회한다고 생각 안해 지금 아니면 즐길 수 없는 행복을 즐기는거지! 좋은 곡들로 학업스트레스를 풀어줄 수 있게 해줘서 너무 고마워요 슫둥님들

#LoveSTAY #LoveSKZ

Belle	I wanna be myself (I don't care) Yeah, I gotta be myself (Just don't care) And now that your weight's come off my shoulders I realize that I can fly I needed to find me (Now I know) The key was inside of me all along I'm listening to my heart, let it guide me I feel the light, I feel the light
김혜지	그냥 너희가 좋으니까 다른 이유는 없어 스키즈가 좋으니까
배하은	스트레이키즈의 함성이 음악을 타고 세상을 밝히길
Mizuho	10년, 20년 앞도 함께 걸어가자! Stray Kids 잘 하고 있어!
송연우	스키즈와 스테이, 언제나 함께 발맞춰 걷자 우리.
이은서	꿈 속 청춘 그 자체, 스키즈&스테이
Natalia	I'm incredibly happy that I met you on my way. You inspire me every day. Love you <3
김수진	스키즈! 항상 너희의 편에 있을게!
kanon	Never let you go never let you go
카와무라유우코	영원히 계속될 나의 청춘 stray kids
이하영	그늘에 빛이었던 스키즈
김먼물	아름답고도 반짝이는, 그런 잊지 못할 순간들을 만들어줄게.
박희영	스키즈가 웃는모습 바라보면 난 더는 바랄게 없어
김연	그늘에 빛이었던 스키즈, 그 어떤 순간이 덮쳐 와도 이 마음 놓지 않을테니깐 영원토록 함께 가자!
keryl	stray kids im so so so proud of how far you come and i can only tell you that im so very proud and you deserve all these awards,fame and recognition.you are my light in the tunnel so pls let me,us ,stays be your light whenever you need it
aoi	스트레이 키즈를 정말 좋아해요. 사귀어 줘 skrrrr
조민경	우리 앞으로도 오래도록 시간을 같이 달리자
MAYU	I will tell you that straykids amazing as you are
박예슬	우리가 함께라면 언제나 빛날꺼야
권지민	스테이는 스키즈와 계속 함께하고 싶은데
yura	잘하고 있어
유안	스키즈를 사랑하는 스테이니까.
yoco	I Love Stray Kids shining on stage.
나규인	스키즈가 웃으면 스테이도 기뻐
이연주	스키즈가 웃으면 스테이는 덩달아서 기뻐

Maya	I very very love StrayKids So,Keep on being Straykids I will support you forever.
Hiyo	Straykids is a miracle, Straykids is Youtiful!
윤연후	그때 내 옆에 스키즈가 있어서 이렇게 버틸 수 있었다고
와니	늘 노래로 힘과 행복을 우리께 많이 줘서 고마워요. 영원히 응원할게요.
Kozue	Let's run the same time as STAY!
Tze Yun	Hiii, I wanna thank yall so much for everything you all did for us. I can feel the emotions and effort put behind every lyric and sound you all make. Skz songs feels like a warm hug when I listen to them. When I saw you all during the concert, all of my worries disappeared for those moments, and I know I found the right group to support! I hope Skz and Stays will continue for a long time!
Haruka	SKZ is my life!!The time we spent will be remembered forever ever.
하경은	Stay universe 언제나 SKZ를 향해 찾아갈래 끝까지
Harrier	STAYs will share the same future with SKZ
Stefanie Lee	SKZ's light saved me <3 Let's STAY forever!!
우다인	나침반이 가르킨 장소 그곳에 영원히 스테이
이영	어째서 가사가 이다지도 와닿을까
강하은	조금 흩어지더라도 뭐 어때 다시 뭉칠거야
박소율	그때 내 옆에 너희가 있어서 이렇게 버틸 수 있었어
윤지유	스트레이키즈 잘하고 있어!
이나은	언제라도 흐린 안개 속 빛이 되어줄게
박시하	스키즈를 사랑한 수를 세 보니 저 하늘에 수많은 별처럼 숨길 수 없을 만큼인 것 같아요.. 힘들 때, 기쁠 때 스키즈 노래를 들으면서 위로받고 있어요. 스키즈! 항상 좋은 노래 만들고 불러주셔서 감사하고 앞으로 스키즈, 스테이 모두 오래오래 행복합시당!! 방찬, 리노, 창빈, 현진, 한, 필릭스, 승민, 아이엔 여덟 보석들이 영원히 빛나길..
양서경	나의 영원한 봄이 되어줘서 고마워 스키즈!
김유민	우리에게 자랑스러운 그 이름, 스트레이 키즈
김레아	영원보다 깊은 믿음 속 함께 걷는 stay와 skz
신현경	조명이 꺼진다 해도 어둠을 밝히는 스키즈 음악장
박시후	스키즈에게 받은 이 행복 소중히 간직할게
유정현	스키즈와 스테이 우리의 내일은 파래
아이엔그라운드	스키즈 옆엔 스테이가 있어!
김보미	나의 청춘의 시작과 끝을 함께해줘 고마워 스키즈

#LoveSTAY #LoveSKZ

이승빈	어두운 터널속을 걷던 나에게 한줄기의 빛이 되어줘서 고마워. 이때까지 느껴보지 못했던 위로들과 사랑, 행복이란 감정을 느끼게 해줘서 고마워. 또 아프겠지만 상관없어 너를 보며 버틸수 있어 널 사랑하는 나니까. 항상 너희 옆에서 stay할께!
박지희	힘들때 있었겠지 그걸 참고 여기까지 와줘서 고마워 그리고 힘들때는 스테이에게 말해줘 숨기지 말고 몸 조심하고 그리고 이 세상에서 태어나줘서 정말 고마워 나한테 스키즈가 있다는 건 축복 같은 일이야! 그리고 항상 스키즈 뒤에서 응원하는 스테이를 잊지말아줘 항상 응원할게
다은	매일 그대를 행복하게만 해주고 싶은데
오오와다 미사키	언제까지나 Stray Kids의 곁에서 STAY할께! 꽃길을 향해 걷자!
김시윤	영원히 스테이
김희윤	항상 스케이 귀에 극 "락"을 선사하는 스키즈! 언제나 사랑하고 고마워
이나윤	스테이 모든 건 스키즈를 향해 있었어
이지우	스트레이키즈, 잘하고 있어~! 힘내 참을 필요없어, 힘든거 스테이들한테 다 말해~! 스테이들이 항상 곁에 있을게~!!
허은채	키즈들!! 입덕한지 500일 지나서 기쁜 스테이야~ 스키즈를 만나고 내 인생 최고의 행운을얻었어!! 정말 밤하늘같던 내 인생에 가장 빛나고 가장 내 소원을 잘 들어주는, 그런 소중한 별이 되어주어서 고마워 스키즈는 영원히 스테이만 오래오래 봐줘 나 진짜 스키즈 너무 좋아해 아니,, 사랑해 이젠 내 인생에 없어선 안텔 보석같은 존재가 되어줘서 고마워 오빠들 볼 때마다 잘하고잇다고 말해줄께!! 너무너무 잘하고있으니까~~ 응원해 그 누구보다 너무너무 진짜 진심으로 사랑하고 콘서트에서 우리 오래오래 보쟈 사랑하는 오빠들!! 건강하게 스키즈 늙지 않고 평생가는거야!! 나도 평테이할께 사랑해
권예린	스키즈의 사각지대까지 사랑해
이태리	스키즈와 함께 언제나 스키즈를 143
최은서	내게 반짝임이 무엇인지 알려줘서 고마워
정지유	영원을 믿을 수 있게 해주고, 사랑을 가르쳐줘서 너무 고마워요! 항상 사랑해요♡
Amanda Koskenmaki	Stray Kids! I find a great comfort in your songs. You inspire me to keep going and to keep trying!
원라희	내일 보다 멀리 영원보다 오래 사랑해 널
채연주	영원히 끝나지 않을 이야기를 함께 써내려가자. 스키즈 너희가 스테이의 세상이야.
양하영	스키즈 덕분에 행복했고, 스키즈 덕분에 살아갔고, 스키즈 덕분에 희망을 얻었어! 영원을 약속하고 싶어! 사랑해 스키즈
배지은	You make STRAYKIDS STAY 스트레이키즈 평생 사랑해
장밀리	노래를 통해 행복을 준 만큼 우리가 더 많이 행복하게 해줄게요!
조하랑	스키즈에게 받은 이 행복 소중히 담을게!
김다원	스키즈 내가 꼭 안아줄게요
김민지	내 두 발이 가는 스키즈에게로 계속해서 달려갈게!

김보미	항상 열심히 활동 해줘서 고마워♡ 사랑해♡
yeoleum	숱하게 피어 있는 방황에 어지러워 누가 나를 좀 안아줘, no, no, no
박혜민	스테이를 바라보는 눈에 아름다운 우주가 담겨있는 스키즈, 그런 너희를 사랑해
임서빈	스키즈! 일단 다 해버리고 추억으로 남겨~!!
이지윤	거친 바람이 몰아친대도 무너질 건 스테이와 스키즈가 아닌 걸
이은수	스키즈야 스테이의 곁에 오래 스테이해줘.
유다빈	스키즈란 영화에 주연이 되어줄게 이건 바보라도 알아 스키즈만 한 건 내게 없다고 스키즈은 탑 Woah 올해도 탑 Ey Woah 스키즈의 퍼즐 속 가장 아름다운 조각이 되어줄게 내일보다 멀리 영원보다 오래 사랑할게
현주아	스키즈 충분히 잘할 수 있어
김지원	스테이는 항상 스키즈 곁에서 스테이
양하연	우리 스키즈 오빠들!!! 오빠들을 위하는 척 오빠들 무시하는 소리들이랑 오빠들을 바라보는 따가운 시선들이 아무리 오빠들 앞을 가로막아도 우리 스테이들은 오빠들 편이니깐 기 죽지 말구! 화이팅 해보자!!! 사랑해
이한슬	스키즈! 내일보다 멀리,영원보다 오래오래 사랑할게 늘 스테이를 위해 열심히 해줘서 너무 너무 고마워 많은 스케줄에 정신없고 힘들텐데 힘든 내색 하나없이 잘 해내줘서 너무 고마워 정말 사랑하고 오래오래 보자 사랑해
Kagamihara Nanaho	제목 같은 결말까지 스키즈 곁에 계속 STAY할게요!!
이수인	어둠에 가려진대도 괜찮아 어떤이유에서든 곁에서 함께할게!
서다현	스키즈가 바로 내 자체 삶이야 밤이고 아침
치사토	받은 이 행복 가끔 뒤돌아보며 보물 상자마다 껴안고 있어요
원소정	그때 내 옆에 스키즈가 있어서 이렇게 버틸 수 있었어
이서현	스키즈만 한 건 스테이에게 없어
이수민	내가 전하는 이 사랑이 너희에게는 아주 작고 하찮다고 느껴질지라도 나에게는 너무 소중해서 평생을 아껴 나눠주고싶어 그만큼 오래 보고싶다는 소리야 :)내가 너희에게 전하는 사랑이 가장 작았으면 좋겠어, 다른 누군가가 또 너희에게 많은 사랑을 전할 수 있게 말이야 2월에 불어오는 바람이 조금은 차가울지라도 너희에게는 행운이기를 간절히 기도 할게 ♡
박서연	나의 중학생 생활을 함께해준 스키즈 오빠들..정말 첫 시험 때,위로가 필요할 때,행복할 때..다 오빠들의 노래가 항상 곁에 있었어! 정말 오빠들 덕에 더욱더 행복한 나날을 보낼 수 있는 것 같아..항상 고맙고..사랑해! 오빠들 곁에 영원히 Stay할게!
이다인	영원은 없다지만 덕분에 영원을 믿게 됐어
김나혜	언제나 함께 있고, 언제나 실망하게 하지 않고, 절대 떠나지 않는 스테이가 될게요. 앞으로 어떤 시련이 있을진 모르겠지만, 그걸 이겨내는 스키즈가 되길 믿을게요. 웃을 땐, 같이 웃고, 울 땐, 같이 울어주고, 화날 땐, 같이 화내줄게요. 저의 삶이 흑백이었지만, 색을 불어넣어 준 듯 스키즈 덕분에 제 삶이 웃음으로 가득 찼어요. 저도 모두 이 눈빛에 별이 빛나도록 행복하

#LoveSTAY #LoveSKZ

이시윤	우리 키즈들아, 우린 너희가 행복하면 우리도 행복해! 항상 좋은 모습 많이 보여줘!! 그래도 슬플 땐 좋은 척 하려 하지 않아도 돼♡
Nadine	you are the light that guides me through this world and the warmth that comforts me.
방방즈	항상 잘 하고 있어 언제나 내가 곁에 있을게 많이 사랑해
진선율	어두웠던 내 일상에 따스한 햇살처럼 찾아와줘서 고마워~ 덕분에 햇살도 쬐고, 바람도 쐬고, 비와 눈도 맞았더니 인생이 무지개처럼 다채로워졌어~ 행복을 알려줘서 고마워 :)
송지효	힘들때마다 멀지만 가까운 곳에서 나에게 힘이 되어준, 또 힘이 되어줄 스트레이키즈! 스테이도 언제나 곁에서 힘이 되어 사랑을 줄게. 세상 가장 푸르른 미소로 서로를 바라보자, 143 I LOVE YOU!
김우리	우린 운명이라 만난 것 같아 내가 많이많이 존경하고 사랑해
이서현	스테이가 곁에 있을게! 잘 하고 있어 스키즈!!
조해나	소중한 추억으로 영원할 우리의 지금
정려운	스키즈와 함께 발맞춰 걸을게
김율하	뭔 짓을 해도 헤어 나오지 못할 만큼 난 스키즈 좋은가 봐
윤지아	우리의 내일은 파래♡
김지오	이 우주는 스트레이키즈로 채워져 가
홍지연	흐린 안개 속 빛이 되어줘서 고마워 스키즈가 잠시 길을 잃어 쉬고 싶을 때 너희의 우주가 되어줄게
안지민	우리의 밤은 끝나지 않으니까!
Laura Ketola	What SKZ and STAY's friendship feels like: I no longer feel like an alien in this world because you all are holding my hand now and forever
Fiker Wudneh	Stray kids you have found me in my lowest time and gave me a ray of happiness! Thank you for existing will continue to love and support you ALWAYS!
함서우	영원이란 믿기 어렵지만 너희와 함께라면 그 영원 믿고 싶어
주름이	영원은 없대도 I believe.
서연	평범하던 내 일상을 소중하게 만들어준 스키즈! 멀리 떨어져 있더라도 마음만은 늘 스키즈 편에 있을게
조현지	우리 오래 행복하자 더 행복해지자 사랑해
황선유	스키즈는 스테이의 Haven
유한나	스키즈 덕분에 하루하루가 밝아졌고 앞으론 스키즈 다들 예쁜 웃음 간직하고 누구보다 빛나는 사람이길 바랄거고 그렇게 되도록 항상 사랑할게
서예나	그때 내 옆에 너희들이 있어서 이렇게 버틸 수 있었다고

Dasha	Since I became STAY I wanted to tell how much Stray Kids are important to me. A while ago I didn't feel really good, but Stray Kids were one of those who helped me. They made me smile and laugh when it was hard for me. Every time I listened to their songs or watched their videos, it seemed like I got better. That's the reason I'm always thankful to these 8 incredible people, who helped me to feel alive again by their music and warm support. Thank you so much, I promise to continue loving you and holdig your hands♡
김서정	스트레이 키즈 항상 스테이들이 응원하고 사랑하는 거 알지? straykids forever!
Klaudia Pawlak	Thank you Stray Kids for your hard work, for staying strong, for being for us. Thank you for making me a STAY and for making me smile on the days I didn't want to. I love you.
백지원	2017년부터 여기 서있어 우리는 영원할거라 믿어 스키즈와 함께하는 모든 순간이 다 highlight 어두운 곳에서 스키즈는 빛나는 별
김선영	내가 사고로 다쳐서 힘들어 하던 시기에 너희를 알게됐고 너희를 보며 웃을 일이 많이 생겼어. 너희로 인해 좋은 스테이들도 많이 알게됐어. 힘든 시간을 버틸 수 있게 한 나의 사랑 나의 자부심 스키즈. 흐린 안개 속 빛이 되어준 스키즈 항상 고마워!
Lolwa	Stray kids brought happiness and constant luck into my life
Cookie	This is our Youth
전수연	스키즈에 받은 이 행복 영원히 간직할게
서다현	아아 못나 보여도 때론 누군가에 비교 되더라도 I'm aways on your side 도착할 때까지 시간을 같이 달리자
김유정	스테이에게 따스하게 내리쬐는 빛이 되어줘서 고마워
이혜리	스키즈 언제나 행복한 길만 걷자!
이지하	어두운 밤 소리쳤던 스키즈의 곁에는 항상 스테이가 있을거야
노냥이내꺼	영겁의 우주 안에서, 우리는 서로를 찾아낸 운명으로 연결돼있어. 어디에 있든, 너희의 빛은 늘 내 세상을 밝혀줄거야. 사랑해!
이연수	너희를 만나고 나니 삶이 이렇게 재밌다는걸 알았어. 항상 내 옆에 너희가 있어 이렇게 웃을 수 있어
진주	슥둥이들 항상 건강하고 아프지마 항상 사랑해
전서현	그 어떤 순간이 덮쳐 와도 우리 두 손 꼭 잡은 채 내일보다 멀리 영원보다 오래 함께하자
방서주	스키즈의 모습 자체가 빛이니 걱정 마
정수빈	스키즈를 처음 본 설렘을 못 잊을 듯해 달리 말하면 항상 꽤나 사랑하고있는듯해
안원	스키즈 덕분에 너무 행복해 고마워
서원	슥즈 너희 덕분에 내 인생이 빛날수있었어 고맙고 사랑해
홍연희	hellevator을 타고 위로 올라간 straykids의 청사진에 스테이와 오래 함께하자!!

#LoveSTAY #LoveSKZ

김지유	어두워 보이는 그림자도 빛이 있어야 존재 하니까 항상 스키즈가 빛나는 존재라는 걸 잊지 않았으면 좋겠어 난 늘 밤하늘 속에 스키즈를 상상을 해 스키즈는 늘 어디선가 날 위로해주거든
양혜진	시간을 같이 달리자
권서정	스키즈와 스테이 모두 잘하고 있어!
김서연	Stay are always on your side 도착할 때까지 시간을 같이 달리자
정아린	달처럼 눈부신 스키즈!
정보경	스키즈를 사랑한 순간부터 영원을 믿게 되었어. 정말 정말 고맙고 사랑해 스키즈
김지윤	스키즈를 알게된 후에 영원을 믿게됐어
오주연	다시 감아 버리지 말라고 빛이 비춘 곳에 그림자가 서있으니 돌아보면 그곳에 밝은 빛이 너를 기다릴 거야
김다영	네가 향하는 곳 그래 맞아 그 곳에 언제나 함께 STAY할게!
강유진	아직 입덕한지 1년도 안된 응애스테이지만 늦게 입덕한만큼 오래오래 옆에 스테이 할게
김지우	언제나 스키즈 곁에 스테이 할게!
장하늘	항상 응원하고, 쓰리라차, 댄스라차, 보컬라차 다들 노력하고 열심히 하는게 너무 눈에 선해. 앞으로도 오래,영원토록 스테이로 남을테니까 너희도 평생 스키즈 해줘! 약속!
레나	영원보다 더 오래 사랑할게요! 시랑해
김아림	슼즈들....!! 요즘 열심히 활동하는 모습 봐서 너무 좋아:) 그래도 너무 무리하지 말고 재밌게 하루하루를 보냈으면 좋겠어!! 언제나 응원하고 사랑해♡♡ 오래 함께하자!
으니	언제라도 흐린 안개 속 빛이 되어줄 스테이
차예랑	스키즈가 웃을 때나 힘들 때나 항상 스테이들이 응원할게 !!
김시연	두 손 꼭 잡은 채 그 어떤 순간이 덮쳐 와도 널 놓지 않을게
김세영	비가내리면 같이 맞고 버티자 나 스키즈 장우산도 샀어 쫙 펼쳐줄께
최하온	항상 열심히 해주고 스테이를 위해서 함께 힘써줘서 고마워
안혜원	스키즈! 너희가 내 자체 삶이야 밤이고 아침 그리고 끝마침이야
배지원	달이 이렇게 눈부시는 밤엔 내가 저 빛을 가려준다 속삭일게 밤이 어느새 끝이 나는 낮엔 따스한 빛을 내리쬐는 빛을 받을게
정유진	한번뿐인 내 인생에 빛처럼 나타나줘서 고마워
김가현	내가 스키즈의 편이 되어줄게, 무슨 말이던지 스키즈를 지지하고 끝까지 믿어줄게!
최정영	스테이에게 언제라도 흐린 안개 속 빛이 돼줄 스키즈
박경희	스키즈 손잡고 어디든 걸을 때 전부를 다 가진 듯해
이예서	시간이 흐르고 흘러도 변함없는 사랑이 너를 사랑하게하는 거야

Stray Kids
가사 필사집

김윤하	영원히 스키즈 곁에 스테이
조윤채	이제 정서불안이라는, 나를 가둬둔 미로 속에서 울지 않기로 했어. 이제 이겨내고 손 잡을거야
z1a_s_	스키즈를 만나서 정말 좋았어요. 항상 힘을 얻고 있습니다. 사랑합니다!
김수현	이젠 자랑스러운 그 이름 Stray Kids
김승연	소리를 지르는 내가 오 스테이란다.
김서윤	영원한 건 없다고 생각했지만 스트레이키즈만큼은 영원했으면!
김태은	언제나 옆에서 STAY할게
윤소이	넌 잘 하고 있어 oh 넌 잘 하고 있어 yeah 힘내 좀 참으면 돼 내가 곁에 있을게 넌 잘 하고 있어 oh 넌 잘 하고 있어 You gotta take your time 할 수 있잖아 너는 잘 할 수 있어
김나희	항상 스테이 옆에 스키즈가 있어서 외로움 없이 버틸 수 있었어!!
김혜린	얘들아 너희들은 웃을때 가장 예쁘지만 울고 싶을땐 억지로 웃지 않아도돼 스테이들은 항상 너희를 응원해
이채아	스테이들이 스키즈를 만나게 된건, 정말 기적이야. 사랑해 스키즈!
조수아	나의 삶의 원동력이 되어주는 스키즈! 정말 지치고 힘들때 스키즈의 노래를 듣고 무대를 보고 스테이들에게 주는 사랑을 보면서 정말 위로도 많이 받고 힘든 길을 하나하나 헤쳐나갈 수 있었어. 그래서 항상 너무 고맙고 나에게는 가족처럼 소중한 존재야! 스키즈가 스테이들에게 힘을 준 것 처럼 우리도 스키즈가 늘 행복할수있게 힘이 되주고 싶어! 정말 내가 많이 많이 응원 하고 제발 다치지말고 건강하게 오래오래 행복하게 무대 해줬으면 좋겠어! 스키즈 너무 잘해 왔고 잘하고있고 잘할거라는거 누구보다 많이 믿으니까! 내일보다 멀리 영원보다 오래 사랑 할게!
장예원	턱밑까지 차오르던 빗물 속 내 손을 잡아준 스키즈 항상 고마워 평테이 할게
이민진	단단한 스트레이키즈 뒤에 언제나 든든한 스테이가 있다는 거 절대 잊지 말아줘!!
이지은	고생길,고행길 다 버텨온 우리를 믿어 계속
박예빈	stay가 있는 한 stray kids는 영원할수 있어
김은서	바보같은스키즈 바다에 보배인 스키즈
김서린	말없이 외치는 스키즈의 목소리를 스테이가 들어 줄게
박지윤	스키즈는 잘 하고 있어 스키즈가 잠시 힘들 때 스테이가 같이 뛰어줄게
김민지	STAY에게 정말 자랑스럽고 멋있고 무엇보다 소중한 그 이름 Stray Kids
정해을	스키즈 ! 항상 건강하고 행복해야 해
이서정	힘이 되어줘서 고마워요 사랑해요
고나연	힘들 때 아무 데도 기댈 때가 없을 때마다 노래로 나를 위로해 준 스키즈 사랑하고 영원해!
서현서	나의 청춘인 스키즈 영원하자
mayumi moya	Let's drink sweet cocoa and be happy. As long as we stay here.

#LoveSTAY #LoveSKZ

김루빈	스키즈에게 받은 행복 소중히 담을게!
유은채	앞으로도 행복하게 함께하자 화이팅!!
Kelly Tsai	Thank you for stepping into my life.U guys are the reason why I keep going.
노수빈	한아! 너가 나타난후 귀에 걸린 입꼬리가 내려오질 않아 영원히 좋아할게!
유다겸	힘들게 춤추고 노래해주셔서 감사합니다! 앞으로도 활동 열심히 해주세요. 항상 응원하고 좋아할게요~
김나은	앞으로도 세상 속을 우주 속을 스키즈로 채워갈래!
윤서진	그냥 스키즈이기에 좋아
백혜정	나 너 좋아하나 봐 내가 날 봐도 티가 날 정도로 참 많이 널 원하나 봐
김윤아	그 무엇보다 소중한 스키즈, 스테이와 앞으로도 영원히 함께하자 항상 고마워
박소윤	스키즈 옆에서 영원히 스테이할게! 아프지말고 건강하게,행복하게 스테이 옆에서 스테이 해줘!!
황윤아	내가 힘들때 선물같이 온 스키즈가 무의미한 날에 행복이 되었어 그래서 많은 힘을 얻었고 하루종일 스키즈를 바라만 봐도 미소가 났어 언젠가 많은 시간이 지나도 사랑할게, 스테이들을 위해 노래해주고 춤춰줘서 고마워 내일 보다 멀리, 영원보다 오래 사랑해 스키즈는 언제나 빛나고 있어, 평테이 할게~ 화이팅!!
김예담	우리 천천히 오래 함께하자 그렇게 서로에게 힘이 되자
한나비	스키즈 너희는 정말 멋져 너희는 기적이고 너희 그 자체로 아름다워 정말 고마워
최유진	뒤처짐에 대한 두려움을 극복할 수 있게 해줘서 고맙고 언제나 사랑해!♡
김예주	내일보다 멀리 영원보다 오래 사랑할께 스키즈
이민서	스키즈! 너희가 어떤선택을 하든 좋아하고 이해해줄거니까 항상 웃는모습 잃지 말아줬음 좋겠어 너무나도 사랑하고 스테이들이 항상 응원해!
유영경	존재 해줘서 고마워
이여진	스키즈 내일보다 멀리 영원보다 오래 사랑할게!
조아빈	스키즈 항상 열심히 달려와 줘서 고마워 사랑해
곽루비	청춘을 팔았다 생각 안 해. 살 수 없는 꿈에 산 거지.
최예본	나에게 밝은 빛이 되어줘서 고마워 !
김채율	내가 자연사할때까지 사랑할게♡
수키	나의 산소호흡기 스키즈
서민정	같이 있는 시간 동안 안아줄게 어디 가지 말고 스테이와 평생 있어줘
서수정	일찍 어른이 되어 버린 스키즈에게 우리가 돼 주고 싶어 너희들의 산소 호흡기
붐붐	As long as we stay In stray kids' own way 고마워 나의 방황하는 아이들 잊지 않게

Stray Kids
가사 필사집

오창빈	스키즈 곁에 언제나 스테이 할게 ❤
김소연	내 공허함을 채워줘서 고마워!
박채민	잠시 길을 잃어 외로워질 땐 스테이들이 지켜줄게
조윤지	어쩌면 내 우주는 스키즈로 인해 밝았고 그 속에서 난 미소를 읽어 본 적 없었어
채원	방황하는 키즈가 더는 방황하지않도록 영원히 스테이 할게 늘 사랑하고 고맙고 넌 잘하고 있어!
Bhanuja	The sun will always be there after the rain
김지후	넘어져도 다시 딛고 오를 스키즈!
김채아	이건 바보라도 알아 스트레이키즈만한건 내가 없다고..
조예은	스키즈를 사랑한 수를 세 보니 저 하늘에 수많은 별처럼 숨길 수 없을 만큼
성우현	언제나 항상 곁에 stay할게!
최지연	우리 스키즈는 지금까지 잘 해왔고 잘 하고 있고 잘할거야! 그리고 월투 돌때마다 하는 생각인데 다치지 말고 건강하게 잘 하고 와! 그리고 너희 덕에 살 힘을 얻는 것 같아! 사랑해~!
승유주	그냥 스키즈가 좋으니까 다른 이유는 없어 스키즈가 좋으니까
백혜경	이건 바보라도 알아 너만 한 건 내게 없다고
박초롱	삶을 다채롭게 해주는 스키즈
최은비	줏대있게!! 아주아주 오래오래 STAY할게!
전보람	스키즈가 좋으니까 웃는 모습만 봐도 난 더 바랄게 없어. 우리 오래오래 보자 :)
예림	영원보다 오래 함께하자
양희선	어딜가나 스키즈를 응원할께!
구아민	힘들어지고 지쳐도 너희들 덕분에 일어섰어
HIROMI SATO	스키즈를 만날 수 있어서 행복해! 앞으로도 함께 달려가자!화이팅！！！
이세은	스트레이키즈 !!항상 잘하고있어 !!힘들고 지쳐도 포기하지마 !!스테이들이 항상 너희 곁에 있어~~
최지원	Stay도 skz가 있어야 존재 !
한승주	언제라도 흐린 안개 속 스키즈의 빛이 돼줄게
Saya	Stray Kids를 만나서, 인생이 즐거워졌어!! 평생 stay야, 사랑해!!!♡♡
Seika Inoue	난 이제 나의 목적지가 어딘지 알고 있다. I already know
함제인	Just know I'm always by your side.
김윤서	스키즈! 언제나 옆에 있을게 무슨일이든 기죽지말고! 사랑해~
권지우	그 무엇과도 바꿀 수 없는 가치 another me

#LoveSTAY #LoveSKZ

MASAKO	I need you right by my side now
박시윤	스키즈와 두 눈을 맞추고서 한 걸음 더 스키즈한테로 다가갈게!!
정예지	스키즈와 스테이의 특별한 만남, 영원보다 오래 옆에 있을게!!
Syifa	Dear Stray Kids, Thank you for being such an incredible source of inspiration, strength, and joy. Your music, passion, and dedication continue to touch the hearts of so many, including mine. Whether it's through your powerful lyrics, electrifying performances, or the genuine love you show to STAYs, you always remind us to keep pushing forward no matter the challenges. Your journey, hard work, and unity as a group are truly admirable, and it's amazing to see how far you've come. Please always take care of yourselves, and know that your music makes a difference in so many lives. We'll continue to support you every step of the way!
공이	Stay will be always by Straykids side
지소흔	꽃잎이 떨어지는 날 스키즈를 기다릴게
김보경	앞으로 힘들고 막막한 순간이 있어도 툭툭 털고 일어나자! 우리 모두 잘 하고 있어
원서연	스키즈에게서 받은 이 행복 소중히 담을께
신지우	자랑스러운 그 이름들 스테이, 스키즈
김윤서	우리 평생가자
장하진	스키즈가 웃을 때 힘들 때 언제든 곁에 있을게!
하영	세상은 늘 어렵고 힘들지만 스테이는 스키즈와 함께라서 언제나 이겨낼거야!
김은영	그저 곁에서 서로 맴돌지만 말고 우리의 향기로 가득 만개하자!
오영	나의 노년을 책임져줄 스키즈
신시아	금속보다 더 굳건하게 스키즈만 바라볼게
김하빈	팬이 된 걸 후회하지 않게 하는 그룹. 스키즈! 스테이들은 항상 응원하고 있다는 점만 알아줘요. 앞으로도 화이팅!
이성은	진심으로 좋아하게 된 나의 마지막 아이돌에게, 본업을 사랑하고 즐기는 것만큼 행복한 건 없다고 생각하는데 좋아하는 일을 한다는 건 사람을 반짝이게 만든 다는 걸 알았어요. 그래서 좋아하지 않을 수 없었어요. 삶의 자세를 배우고 싶게 만드는 아이돌은 처음이거든요. 그러니까 앞으로도 지금처럼 오래오래 좋은 노래 많이 내주세요. 감사합니다
엄효은	스키즈 항상 잘 하고 있어!
김보민	항상 멀리서나마 응원하고 사랑할게!♥
방선우	SKZ 옆에서 항상 'stay' 할게
서연우	스키즈가 바로 스테이 자체 삶이야
최선경	편이 되어줄게 끝까지 믿어줄게 약속할게 스키즈!

이쭈꿈	항상 사랑하고 헬리베이터를 타고 올라가서 세상을 더 흔들어 줘!
이예진	스키즈가 스테이의 삶에 찾아와 힘이 되어준 것처럼 스테이는 언제나 스키즈를 향해 응원할래 끝까지 살짝 늦어져도 기다릴게
이현서	스키즈에게 받은 행복 소중히 담으며 발 맞춰 걸을게
신서연	난 only 스트레이 키즈랑만 스테이 하겠어.
장예하	스키즈가 어떤 선택을 하더라도 응원할게! 그러니용기를 갖고 나아갔으면 해.
박찬주	내 삶의 주인공 '스트레이키즈'
윤유미	스키즈가 틀을 깨고 만들어 낸 모든 것은 스테이가 모일 아지트
강민주	스키즈는 어떤 단어로도 설명할 수 없는 소중한 존재야!
테이	스키즈 덕분에 매일매일이 즐거워 고마워
모모고	눈이 내리고 바람이 세서 온몸이 떨리는 순간에도 나는 스키즈를 사랑해
석유림	스키즈 곁에 스테이가 있게 스테이와 같은 곳에 있어줄래
채한비	Stay는 Stray Kids가 있어야 존재 스키즈로 데뷔해줘서 고마워!
손민경	조건 없이 사랑하는 법을 알려줘서 고마워. 스테이는 언제나 이 자리 지킬 테니까, 다치지 말고 건강해야 해.
Kasumi	저는 일본의 stay입니다. 즐거워서 더 흥을 돋우고 싶을 때는 물론, 힘들고 슬플 때도 스키즈의 노래를 들으며 몇 번이나 구원을 받았어요. 바쁘신 와중에도 일본어로 된 곡을 내주시고 많은 라이브와 이벤트를 해주셔서 정말 감사합니다. 스키즈의 행복이 STAY의 행복이야 세상에서 제일 사랑해!
김다영	내가 믿는 영원의 시작, 사랑해 스키즈
주예은	언제까지나 옆에서 함께 발맞춰 걸을게요♥
슬즈짱	내 삶의 한쪽이 되어줘서 고마워요 스키즈! 곧 삶이 아닌 내 반쪽이 되어줄 것 같네요 !! 언제나 스테이는 스키즈 곁에 있다는걸 잊지말아주셨음 좋겠어요!
김진주	유난히 가을 같던 어느 겨울날 분홍빛 벚꽃잎을 선물하려 해
미나	우리 스키즈 앞으로도 계속 응원할게!
류이현	추운겨울없이 따뜻한 봄날만 가득할 스키즈
신아린	스테이와 스키즈 영원하자!:)
KAZUE	많은 행복 항상 고마워
김하늘	인생에서 가장 후회하지 않는 선택이 있다면 스키즈를 만난거라고, 힘들었지만 지금까지 달려와줘서 감사합니다 :)
우예은	많은 걸 바라고 달리다 욕심 끝에 남은건 Stray kids와 Stay
추다빈	스키즈와 영원히 함께 걸어가자♡

STAY #LoveSKZ

스키즈를 좋아하고 처음으로 영원이란걸 믿고 싶어졌어. 사랑했고 사랑하고 사랑할게

지금까지 여기까지 달려오느라 너무 수고했어. 스키즈가 스테이에게 해준 것 처럼 스키즈 옆에서 hold your hand 하는 든든한 스테이가 될게! 이 글로 스키즈가 잠시라도 행복하고 스테이가 뒤에서 든든하게 지지하고 있다는 사실을 느꼈다면 좋겠어! 사랑해! 항상 스키즈를 응원하는 한 스테이가..

언젠간 힘들고 지쳐 울기도 넘어지고 또 아프겠지만 상관없어 다시 너를 보며 버틸 수 있어 널 사랑하는 나니까

내 꿈과 삶에 들어와줘서 고마워!

빛날 광에 사람 인 스키즈 항상 응원해!

아이돌과 팬은 숲과 숲의 주인이라는 말이 있어. 우리는 숲의 나무처럼 항상 너희를 보고, 응원하고 있어! 누군가 너희를 공격한다면 우리 스테이들의 도피처가 되어줄게! Stay will stay by your side forever. 나의 아름답고 찬란한 젊음은 너희와 있어서 더 빛난것 같아. 앞으로도 stay with you!

항상 너네가 훌륭하다가 말하고 싶어 누가 뭐래도 너네는 항상 빛나니까 자신을 의심하지 말고 너네는 존재 자체만으로도 아름다우니까

나한테 뭘 바라 열심히 땀 흘린 과거는 감히 신도 부정 못해

힘들때가 있어도 포기하고 싶을때가 있어도 영원히 미소로 바라보자! 사랑해!

스키즈한테 받은 이 행복 소중히 여길게

언제까지나 서로의 곁에서 이 시간 속을 달리자!

평생 스테이할게!

스키즈 덕분에 별일 없던 하루하루가 빛나고 있어 내 인생을 빛내줘서 너무 고마워!!

8명 함께 달려가는 너희들 모습 그 자체로 충분히 잘 하고 있어

서로만을 바라보면서 시간을 같이 달리자

안녕하세요 이번에 고2가 되는 스테이 입니다 아직 좋아한지는 얼마 안되는 늦덕이 팬 이지만 처음엔 중3 때 부터 입덕만 하고있었는데 고1, 7월부터 완전한 스테이가 되었어요 처음에는 리노오빠만 좋아했는데 점점 리노 오빠를 보면서 다른 멤버들 까지 좋아하게 되었어요 그래서 전 최애가 스키즈 입니다 지성이 오빠가 말한대로 리노오빠에 한번 빠지면 나올수가 없다는 말이 정말 맞았어요 진짜 못 빠져 나와요 근데 이젠다 못빠져 나와요 항상 스테이를 위해서 열심히 무대를 준비해 주시고 쉬는 날 인데도 열심히 연습해주시고 너무 고마워요 항상 오빠들 덕분에 힘든일 이 있어도 힘이 납니다! 하지만 이제는 저의 스테이가 오빠들이 힘든일이 있으면 힘이 되는 팬 이었으면 좋겠어요. 팬미팅 과 콘서트 준비를 하시면서 에너지 소비가 많이 되고 아픈데 도 많이 있을텐데 항상 밥 많이 먹고 건강하세요 진짜 건강해서 오래 오래 스테이와 함께 있어주세요! 스테이는 어디 안가고 스키즈 옆에 있을거에요! 저의 10대 시절 부터 이제 고2가 지나고 고3이 지나면 20대,30대 평생 동안 항상 옆에서 응원하는 스테이가 될게요 항상 힘내시고 활동하면서 힘든일 슬픈일 포기하고 싶은 순간도 언제든지 옆에 있을수도 있지만 아침이 오면 저녁이 오듯이 그런 일들이 다 사라지고 행복한 순간 기쁜 순간들이 찾아 올거에요 그러니까 너무 자책하지 말고 항상 화이팅 하세요! 지방에 살아서 멀리 있지만 항상 응원할게요! 그리고 오빠들은 더 멋진 별이 될거에요! 스키즈 항상 사랑해요

현수아	너무 고마워 내게 다가와줘서
전다은	스테이도 스키즈가 있어야 존재 스키즈 곁에 스테이가 있어 줄게 힘내 좀 참으면 돼 스테이가 곁에 있을게 스키즈라면 잘할 수 있다는 걸 포기하지 말어
김민아	스키즈 내가 너무 늦게 너희를 알게 되었지만 나는 너의 목소리로 다시 시작할 수 있었어
이시연	스키즈와 스테이는 언제나 청사진 속 길을 찾는걸
김효은	너라는 행운이 나에게 왔음에 감사해
Abirami	Thank you for being one of my biggest sources of happiness, SKZ!!!
임지은	그저 곁에 있어줘서 고마워
장서윤	힘이 들 때마다 너희 8명의 멜로디가 길을 밝혀주더라.방황하던 날 스테이 하게 해줘서 너무 너무 고맙고 사랑해 !!
조희수	우리 언제까지나 함께하자♡
김지안	스키즈의 곁에 내가 있어 줄게
Betti Meszaros	You are not only a compass but an anchor continuously encouraging STAYs no matter what not to ever give up
박다현	너와 난 하나니까 영원하자 스키즈 세상 무엇보다 너를 아껴
김서율	너희의 청춘을 바쳐줬으니 나도 내 청춘을 바칠게.
장주은	영원은 없대도 스키즈의 눈을 바라보며 영원을 약속해
소영	우리의 긴 여행의 마지막 장은 분명 저 하늘의 별들보다 더 빛날거야
서윤이	스키즈는 항상 잘하고 있어! 내가 뒤에서 계속 응원해
신가영	끝나지 않을 우리의 밤
조소연	그 어떤 겨울 날에도 벚꽃잎을 한아름 선물해줄게
김가현	너희 덕에 나의 pace를 찾을 수 있었어. 너희의 pace를 지킬 수 있게 나도 옆에서 보답할게. 항상 사랑해.
이승채	내 청춘이 되어줘서 고마워 항상 사랑해
조예은	스트레이키즈 항상 그 예쁜 웃음 간직하며 언제나 빛나길 바라
양혜지	스키즈가 더 따뜻한 온기를 안고서 지지 않는 꽃을 피우길 바랄게
윤하연	넌 누구보다 밝게 빛날거야
유지은	스테이랑 스키즈 넌 잘하고 있어!
최유진	스테이는 스키즈 옆에서 스테이 할 거니까 앞으로 찬란하게 빛나자

KOMCA 승인필

본 책에 수록된 노래 가사는 (사)한국음악저작권협회의 승인을 받았음을 밝힙니다.

Stray Kids
가사 필사집

Stray Kids
Lyrics Transcription Book

발행인 김두영
전무 김정열
콘텐츠기획개발부 박지은
디자인기획개발부 김세연
제작 유정근
마케팅기획개발부 신찬, 송다은, 김지연
경영지원개발부 한재현, 김아영
음원 정하영

발행일 2025년 3월 25일(1판 1쇄)
발행처 삼호ETM (http://www.samhomusic.com)
　　　　경기도 파주시 문발로 175
　　　　마케팅기획개발부　전화 1577-3588　　　팩스 (031) 955-3599
　　　　콘텐츠기획개발부　전화 (031) 955-3589　팩스 (031) 955-3598
등 록 2009년 2월 12일 제 321-2009-00027호

ISBN 978-89-6721-561-3

이 책이 나오기까지 소중한 도움을 주신 STAY 방방즈, 빛나는 스키즈, 끼꾐, 아니김승민귀여워 님께 감사의 마음을 전합니다.